C.H.BECK WISSEN

Dieser Band bietet eine differenzierte Einführung in Geschichte und Kultur des antiken Griechenland. Der Darstellungshorizont reicht *geographisch* vom griechischen Festland über die Welt der Inseln, Kleinasien und Nordafrika bis nach Sizilien, *zeitlich* vom 2. Jahrtausend v. Chr. – der Welt der Minoer und Mykener – bis zum Ende der letzten großen hellenistischen Monarchie, den Ptolemaiern (30 v. Chr.). Die sozioökonomischen Verhältnisse der Bevölkerung werden ebenso thematisiert wie Mythologie, Dichtung, Religion, Politik (u. a. Entwicklung der athenischen Demokratie) und Ereignisgeschichte (Perserkriege, Peloponnesischer Krieg, makedonische Hegemonie, Alexanderzug) bis zur Vormachtstellung der Römer. Ein Ausblick auf das Nachleben der griechischen Antike und Fragen der Raubkunst beschließen den Band.

Angela Ganter lehrt als Professorin für Alte Geschichte an der Universität Regensburg. Die Geschichte des archaischen und klassischen Griechenland bildet einen Schwerpunkt ihrer Forschungen.

Angela Ganter

GRIECHISCHE GESCHICHTE

Von der Bronzezeit bis zum Hellenismus

C.H.Beck

Patri secundo
Martin Ganter

Mit zwei Karten (© Peter Palm, Berlin)
und einer Zeittafel

Originalausgabe

www.chbeck.de
Reihengestaltung Umschlag: Uwe Göbel (Original 1995, mit Logo),
Marion Blomeyer (Überarbeitung 2018)
Umschlagabbildung: Odysseus und die Sirenen (Ausschnitt),
Musée National du Bardo, Tunis, 3. Jahrhundert n. Chr.;
© akg-images/Gilles Mermet
Satz: C.H.Beck.Media.Solutions, Nördlingen
Druck und Bindung: Druckerei C.H.Beck, Nördlingen
Printed in Germany
ISBN 978 3 406 81637 6

verantwortungsbewusst produziert
www.chbeck.de/nachhaltig

Inhalt

1. Griechische Geschichte in Zeit und Raum: Historiographische Perspektiven

Am westlichen Rande der Fruchtebene, die sich nördlich des Argolischen Golfes aufspannt, entstand um 700 v. Chr. etwas Neues: eine Siedlung, die sich um einen freien Platz herum entwickelte. Nord- und südöstlich ragten in Sichtweite Ruinen gigantischen Ausmaßes in den Himmel, Zeugen einer vergangenen Zivilisation, von der die Bewohner der Ebene vierhundert Jahre nach deren Zerfall kaum noch etwas wussten. Die kyklopischen Mauern von Mykene und Tiryns können nur Götter oder Halbgötter errichtet haben, mögen viele Zeitgenossen gedacht haben: Wesen übermenschlichen Formats, die einst auf demselben Boden gewirkt hatten, den man nun in Gehöften, Weilern und Städten bewohnte.

In welchem Bezug stand die Polis Argos, die diese Ebene in archaischer (800–500 v. Chr.) und klassischer Zeit (500–336 v. Chr.) dominieren sollte, zu den einstigen Zentren der Bronzezeit? Die Palastanlagen von Mykene und Tiryns hatten ihre Blütezeit zwischen 1400 und 1200 v. Chr. erlebt. Nun waren sie zerfallen. Im Angesicht der Überreste aus mykenischer Zeit fragten sich Menschen wie der homerische Heros Odysseus, wer sie waren, woher sie kamen und wo die *pólis* ihrer Eltern sei (vgl. Hom. Od. 1,170; 8,555; 10,325; 14,187; 15,264; 19,105; 24,298). Identitäts- als Herkunftsfragen erhielten in der Umbruchszeit des 8. Jahrhunderts v. Chr. im mediterranen Raum kulturelle Brisanz, weil sich formierende Gemeinwesen über Gründungsmythen in einer heroischen Vergangenheit verankerten. Sicher war es kein Zufall, dass die Bewohner von Argos das der Göttin Hera geweihte Heraion als wichtigstes extraurbanes Heiligtum der Region gut 8 Kilometer von ihrer eigenen Siedlung entfernt am östlichen Rand der Fruchtebene etablierten, ungefähr 9 Kilometer südlich von Mykene und 11 Kilometer nördlich von Tiryns. Bezeichnenderweise befand sich das Heiligtum an einer Stelle, an der man beeindruckende Grabanlagen gefunden hatte. An diesen mutmaßlichen Ruhestätten heroischer Vorfahren demonstrierte die Polis Argos mit der Terrassierung des Geländes und schließlich dem Tempelbau, wer sie war und was sie sein wollte: ein organisiertes Gemeinwesen, das die Ressourcen für die Errichtung eines solchen Tempels aufbringen und koordinieren konnte, ein Gemeinwesen, das sich bewusst in die Tradition der sie umgebenden Heroen stellte, die Fruchtebene kontrollierte und dafür das Wohlwollen der Götter erbat.

Am Beispiel der Argolis zeigen sich grundsätzliche Herausforderungen, die sich beim Verfassen einer Griechischen Geschichte ergeben. Wie kann man Griechische Geschichte schreiben? Diese Frage ist so alt, wie es Griechische Geschichten gibt. Neu dagegen ist der Zweifel daran, ob man die Geschichte der antiken Griechen überhaupt als eine Griechische Geschichte schreiben kann. Wer waren die Griechen? Wie haben sie selbst sich verstanden und zu ihrer Identität gefunden? Lässt sich das Geschehen in tausend Poleis über einen Zeitraum von tausend Jahren als eine große Erzählung rahmen oder zerfasert historisches Geschehen in Geschichten zahlloser Städte, Ethnien und Dörfer? Die Herausforderungen sind sowohl chronologischer als auch topographisch-politischer Natur. Denn weder die Frage, wann Griechische Geschichte anfing und wann sie endete, noch die Frage, welche Räume für die Griechische Geschichte konstitutiv waren, lässt sich leicht beantworten. Über allem schwebt die Frage, wie man die Griechen als Ethnos und damit den Gegenstand einer Griechischen Geschichte fassen kann. Auf diese drei Aspekte – Periodisierung, historische Räume und *Ethnogenese* – konzentriert sich die folgende Einleitung, um die ‹Grammatik› zu skizzieren, mit deren Hilfe eine Griechische Geschichte erzählt werden kann.

1.1. Kein Anfang und kein Ende? Periodisierungsfragen

Periodisierungsfragen bilden den Auftakt, weil die Setzung der begrenzenden Zeithorizonte grundsätzliche Aussagen darüber verlangt, was man unter Griechischer Geschichte verstehen mag. Waren die Bewohner der mykenischen Palastanlagen bereits Griechen oder begann Griechische Geschichte erst mit dem Aufkommen der Polis? Eine Entscheidung für eine dieser beiden Alternativen wäre zu einfach, weil zeitlich gedeutete Kausalität chronologischer Abschichtung zuwiderlaufen kann; das gilt sowohl für moderne als auch für antike Wahrnehmungen von griechischer Frühzeit. Die Frage nach dem Anfang griechischer Geschichte sollte man folglich einerseits aus unserer Außenperspektive (*etisch*), andererseits aus der Innenperspektive antiker Lebenswelten (*emisch*) aufwerfen.

«Wer bist du? Woher kommst du? Wo ist die Polis deiner Eltern?», wird Odysseus wieder und wieder gefragt. In diesen Fragen erscheint die Polis als selbstverständlicher Bezugspunkt und damit implizit als Charakteristikum griechischer Zivilisation schlechthin. Herkunft wird dabei sowohl genealogisch als auch über einen Ort definiert. Bewohner der Argolis führten ihr eigenes Geschlecht auf die Vorfahren zurück, die in den prachtvollen Kuppel- oder Kammergräbern der Region bestattet waren. Während die archäologische Wissenschaft des 20. und 21. Jahrhunderts n. Chr. kulturelle Brüche sieht und betont, dass sich die bronzezeitliche Kultur in vielerlei Hinsicht grundsätzlich von dem unterscheidet, was wir als griechische Poliswelt kennen, bestand für antike Griechen angesichts der gewaltigen Ruinen zwar kein Zweifel daran, dass Menschen an diesen Stätten einst anders gelebt und gesiedelt hatten, als dies in ihrer Gegenwart der Fall war. Aber sie betonten die Kontinuität zwischen der vergangenen und der eigenen Kultur, indem sie sich als Nachfahren jener Menschen stilisierten. Während aus etischer Perspektive fraglich ist, ob man die mykenische Epoche bereits zur Griechischen Geschichte rechnen sollte, war die von uns als Bronzezeit klassifizierte Epoche aus emischer Perspektive Bestandteil der eigenen Geschichte. Die homerischen Epen sind die berühmteste Kristallisation dieser Vorstellungen. Geschichten über die Vergangenheit gestalteten die Vergangenheit aus Bedürfnissen der Gegenwart heraus neu und definierten auf diesem Weg die gegenwärtige Gesellschaft der Erzähler. Die Sagen um Troja und den umherirrenden Odysseus sollten über Jahrhunderte formative Kraft entfalten. So sagt man Alexander dem Großen (356–323 v. Chr.) nach, er habe die *Ilias* als Begleitlektüre auf seinen Feldzug gen Osten mitgenommen. Alexander zog aus, um es seinen homerischen Vorbildern gleichzutun, oder besser noch: sie zu übertreffen.

Ähnliches wie für den Beginn der Griechischen Geschichte gilt für deren Ende. Man kann es nur im Plural erzählen, weil es nicht mit singulären Ereignissen wie dem Schlangenbiss, mit dem Kleopatra als letzte Herrscherin in der Nachfolge Alexanders 30 v. Chr. ihr Leben beendete und das Ende einer romfreien griechischen Welt besiegelte, gleichzusetzen ist. Weder damit noch mit der Niederlage des letzten byzantinischen Kaisers 1453 n. Chr. gegen die Osmanen endete die Geschichte der Griechen. Denn die Deutungsmacht der Philhellenen, die im 19. Jahrhundert n. Chr. vor dem Hintergrund der nationalstaatlichen Bewegungen in Europa Griechische Geschichte wiederentdeckten, ist für das heutige Verständnis von Griechischer Geschichte ähnlich formativ, wie es die Sänger der Epen für das antike Verständnis von Griechischer Geschichte waren. Gewissermaßen haben diese Philhellenen die Geschichte der Hellenen neu erfunden. Wann also fängt Griechische Geschichte an, wann hört sie auf? Im zweiten und im letzten Kapitel werde ich auf diese Periodisierungsfragen zurückkommen.

1.2. Vom Frauenraub und vom Krieg als Vater aller Dinge: Fragestellungen

«Den Zorn besinge, Göttin, des Peleus-Sohns Achilleus» (Hom. Il. 1,1), hebt die homerische *Ilias* an und benennt damit im allerersten Wort, über welche Fragestellung sie den altbekannten Stoff vom Krieg um Troja thematisiert. Im Zentrum des Epos steht das Verhalten von hochmögenden *Aristokraten*, deren Ansinnen, ständig Bester und den andern überlegen zu sein (Hom. Il. 6,208), blutige Auseinandersetzungen mit Konkurrenten um Ruhm und Ehre heraufbeschwört und dadurch ganze Gemeinden mit Tod und Vernichtung überzieht. Zugleich deutet sich in diesem ersten Vers des um 700 v. Chr. verschriftlichten Textes an, auf welche Weise man in der archaischen Dichtung Zeit strukturierte: über Genealogien von Götter- und Menschengeschlechtern, wie es die in gleicher Zeit entstandene *Theogonie* Hesiods exemplarisch vorführt. Der Musenanruf zu Beginn, vor allem aber das Eingreifen der Götter in das Geschehen unterscheidet die Epen sowie die archaische Dichtung generell von Historiographie. Herodot, der «Vater der Geschichtsschreibung» (*pater historiae*, Cic. leg. 1,5), der sein Werk in der Mitte des 5. Jahrhunderts v. Chr. verfasste, definiert seinen Gegenstandsbereich in Abgrenzung zu den Werken seiner Vorgänger als Geschehen von Menschenhand (Hdt. Prooimion, d. h.: Vorbemerkung).

Bei allen Unterschieden setzen die *Ilias* und Herodots *Historien* auf ähnliche Weise ein: Sie beginnen mit Frauenraub. Während der Raub Helenas als Auslöser des Trojanischen Krieges fungiert (vgl. Hom. Il. 24,24–30), sind die geraubten Frauen bei Herodot weniger Objekt aristokratischer Konkurrenzkämpfe als Heroinen, deren Wanderungen einen Kulturraum definieren, wie es in der griechischen Mythologie in unzähligen Versionen und Varianten erzählt wurde. Indem Herodot genealogisch aufeinanderfolgende Wanderungsbewegungen wie der Io von Argos nach Ägypten und der Europa von Phoinikien nach Kreta schildert (Hdt. 1,1–4), skizziert er auf mythologischer Basis die Genese eines durch verschiedene Migrationsbewegungen geprägten, vielfältig vernetzten mediterranen Raums. Zwar mündet seine monumentale Erzählung in eine Geschichte der Perserkriege als einer Auseinandersetzung zwischen Griechen und Persern, aber sein durch ausführliche ethnographische Exkurse geprägtes Werk ist zunächst einmal der Versuch, die *oikouménē* als die von Menschen bewohnbare und bewohnte Welt zu charakterisieren. Kulturräume sind für ihn entscheidende Ordnungsgrößen, um das Handeln von Menschen und die sich in ihnen entfaltende Geschichte zu verstehen.

Im Gegensatz zu ihm konzentriert sich der etwas jüngere Thukydides in seinem zwischen 431 und 396 v. Chr. verfassten Werk auf Zeitgeschichte. Sein Thema ist der Peloponnesische Krieg (431–404 v. Chr.), dessen politische, militärische und soziale Implikationen er messerscharf analysiert. «Vater aller Dinge» (vgl. Heraklit F 22 B 53 DK) ist der Krieg insofern, als seine brutalen, Ordnung zersetzenden Auswüchse, die Thukydides annalistisch in der Abfolge der alljährlichen Militärkampagnen darstellt, über das Fallbeispiel hinausweisen und damit zum «Besitztum für alle Zeit» werden (Thuk. 1,22,4). Thukydides ist zum bewunderten Lehrmeister dafür geworden, wie man Politik-, Militär- und Ereignisgeschichte schreiben kann. Dagegen hat Herodots Ansatz vor allem bei kulturhistorisch Interessierten Anklang gefunden.

Wie aber kann man Griechische Geschichte heute schreiben? Eine romantisch verklärte nationalstaatliche Perspektive ist genauso obsolet geworden wie eine Griechische Geschichte als lineare Abfolge von Kriegen, Mächtekonstellationen und Zivilisationsstufen. Politische, sozial-, wirtschafts- sowie kulturgeschichtliche Aspekte sollten gleichermaßen eine Rolle spielen. Letztere gebieten es, kulturspezifische Handlungs- und Deutungsmuster von Welt in den Blick zu nehmen, *emischen* Perspektiven folglich ebenso Raum zu bieten wie unseren eigenen, *etischen* Fragestellungen, über die wir uns Griechische Geschichte zu eigen machen.

1.3. «Wie die Frösche um den großen Teich»: Historische Räume

Jeder antike wie moderne Historiograph muss sich mit dem Problem auseinandersetzen, wie eine Geschichte aller Griechen den partikularen Eigenheiten der räumlich und politisch zerklüfteten Welt im Mittel- und Schwarzmeergebiet gerecht wird, in der die Griechen Platon zufolge «wie die Frösche um einen großen Teich» (Plat. Phaid. 109 b) siedelten. Der *Spatial Turn*, die Orientierung am sowohl geographisch als auch sozial geprägten Raum als Schauplatz und Motor von Geschichte, fällt in der Griechischen Geschichte auf besonders fruchtbaren Boden. Denn die durch Meer und Berge zerfurchte Landschaft begünstigt Lokal- und Regionalgeschichte, begünstigt lokale und regionale Geschichten. Was Archäologen und Archäologinnen, die sich einzelnen Stätten widmen, oder archäologieaffine Althistoriker und Althistorikerinnen, die sich über Jahrzehnte hinweg Regionen mit dem Rucksack auf dem Rücken erschlossen haben, als selbstverständlich ansehen, unterschreiben inzwischen auch die meisten Historiker und Historikerinnen: Griechische Geschichte ist leichter als Konglomerat von Regional- und Lokalgeschichten denn als eine zusammenhängende Griechische Geschichte zu schreiben. Sprach Hans-Joachim Gehrke in den 1980er Jahren vom *Dritten Griechenland*, um auf die Dringlichkeit hinzuweisen, Griechische Geschichte jenseits der auf den athenisch-spartanischen Dualismus abzielenden Meistererzählung zu konzipieren, könnte man heute die Subsumierung aller anderen griechischen Akteure unter einem Kollektivsingular als unzulässige Vereinfachung griechischer Diversität verstehen. Insofern ist die Programmatik von einst aufgegangen.

Zugleich hat sich der Blick auf die Quellen geweitet. Inzwischen richtet sich das Augenmerk nicht mehr primär auf die großen historiographischen Werke eines Herodot, Thukydides oder Xenophon (ca. 430–354 v. Chr.), sondern ebenso auf Inschriftenfragmente, Münzen und materielle Hinterlassenschaften. Trotzdem kämpft der Historiker mit verstreuter und zersplitterter Überlieferungslage. Das relative Übergewicht an historiographischen, poetischen und philosophischen Texten aus Athen verdeutlicht das Ausmaß unseres Unwissens, wenn wir uns anderen Stadtgeschichten zuwenden. Wie man eine Griechische Geschichte erzählen soll, ohne sich in Lokalismen zu verlieren, bleibt eine in vielerlei Hinsicht offene Frage.

1.4. Wer waren die Hellenen? Der Gegenstand

Bezeichnenderweise hat Herodot keine Griechische Geschichte, sondern eine Geschichte bemerkenswerter Taten von Menschen verfasst, wie er es im Vorwort zu seinen *Historien* ausdrückt (Hdt. Prooimion). In dieser Welt leben auch Hellenen, die er über ihr gleiches Blut, ihre gleiche Sprache, gemeinsame Götter und Opferfeiern sowie gleichartige Sitten definiert (Hdt. 8,144,2). Diese Bemerkung führt mitten hinein in die Debatte, was man unter einem *éthnos* verstehen soll. Die in der europäischen Romantik verbreitete Vorstellung, dass Völker seit Urzeiten bestehende Entitäten seien, hat ihre Überzeugungskraft verloren. Stattdessen richtet man den Blick auf Ethnogenese als einen dynamischen, auch dann weiter andauernden Prozess, wenn sich ein Ethnos in Selbst- und Fremdbeschreibung über einen Namen formiert hat und als solches identifizierbar ist. Folglich hört die Geschichte der Hellenen als Ethnos nicht zu dem Zeitpunkt auf, zu dem man zum ersten Mal auf deren Bezeichnung als Hellenen stößt. Die Geschichte der Hellenen als eine Geschichte sich wandelnder Selbst- und Fremdbeschreibung und damit auch eine Griechische Geschichte dauert folglich so lange an, wie von Hellenen die Rede ist.

Weniger Einigkeit besteht in der Frage, über welche Kriterien man ein Ethnos definieren soll. Eine grundsätzliche Differenz zur in der herodoteischen Definition durchscheinenden antiken Auffassung besteht darin, dass man sich von Blutsverwandtschaft als wirkmächtigstem Bestandteil bei der Entstehung ethnischer Gemeinschaft in Abgrenzung zur nationalsozialistischen Ideologie verabschiedet hat. Eine maßgeblich auf den Mediävisten Reinhard Wenskus zurückgehende, in der Alten Geschichte besonders durch Jonathan Hall vertretene konstruktivistische Richtung betont die Bedeutung der Selbstwahrnehmung. Demzufolge formiert sich ein Ethnos genealogisch über einen Stammvater, der als fiktiv zu gelten hat, sowie über ein primordiales Territorium, also ein Herkunftsgebiet des Ethnos, das nicht mit der Region identisch sein muss, in der ein Ethnos siedelt, sondern oft auf ein Herkunftsland verweist, aus dem man in grauer bzw. mythischer Vorzeit eingewandert zu sein glaubt. Für diese konstruktivistische Sichtweise hat die Diskussion, ob sich hinter den genealogischen Bezügen reale Verwandtschaftsverhältnisse und ob sich hinter den territorialen Angaben reale Wanderungsbewegungen verbergen, keine Bedeutung. Da es um Selbstverständnis von Ethnien in einem bezeugten historischen Augenblick geht, klammert man diese Fragen aus.

Der konstruktivistische Ansatz ist in vielerlei Hinsicht überzeugend, kann jedoch einige Fragen nicht beantworten. So instrumentalisierten zwar Spartaner und Athener im 5. Jahrhundert v. Chr. ihre ethnischen Grundlagen als Dorer und Ionier, um ihre jeweiligen Führungsrollen zu untermauern. Aber eine solche konstruktivistische Sicht auf die Stammesgeschichte von Dorern und Ioniern erklärt nicht, wie es zur Ausprägung des dorischen respektive ionischen Dialekts und der spezifischen *Phylen*-Namen, also zu Personenverbänden innerhalb der Dorer und Ionier, gekommen ist, die sich auch jenseits der Herkunftsgeschichten manifestieren.

Insofern sollte man die weiteren Kriterien, die Herodot zur Definition des *Hellenikón* – was Griechen zu Griechen macht – anführt, u. a. eine gemeinsame Sprache, nicht außer Acht lassen. Entsprechend definiert eine zweite Gruppe von Forschern mit Bezug auf die Arbeiten von Anthony D. Smith Ethnien kulturhistorisch breiter, nämlich über einen geteilten Namen, einen geteilten Herkunftsmythos, geteilte historische Erinnerungen, eine gemeinsame Kultur, die Verbindung zu einem Heimatland und einen Sinn für Solidarität.

All dies gilt nicht allein für die gesamtgriechische Ebene, sondern für jede noch so kleine Ethnie in irgendeinem Seitental, von der wir, wenn überhaupt, oftmals nur noch den Namen kennen. Prozesse der Ethnogenese spielten sich nicht nur auf *panhellenischer* (gesamtgriechischer), sondern auch auf regionaler und lokaler Ebene ab, wie es rätselhafte Münzserien aus Arkadien illustrieren, die im 5. Jahrhundert v. Chr. geprägt wurden. Wir können nur spekulieren, wer die Prägestätten betrieb, denn zu diesem Zeitpunkt gab es noch keinen Bundesstaat in Arkadien, der solche Prägungen hätte unterhalten können. Jedenfalls prangt auf ihnen allen eine bezeichnende Inschrift: ARKADIKON lesen wir dort in Analogie zu Herodots *Hellenikón*. Offenbar war arkadische Ethnogenese so weit fortgeschritten, dass sie sich über die Münzprägung artikulierte.

Wie haben Griechen verschiedener sozialer Verbände sich selbst verstanden und zu ihrer Identität gefunden? Lässt sich das Geschehen in tausend Poleis über einen Zeitraum von tausend Jahren als eine große Erzählung fassen oder zerfasert historisches Geschehen in Geschichten unzähliger Städte, Ethnien und Dörfer? Auf dieser Diskrepanz baut die folgende Darstellung auf. Chronologisch geordnet geht sie der Frage nach, wie man Griechische Geschichte verstehen und wie man sie erzählen kann.

2. Ruinen und Mythen: Das Erbe der bronzezeitlichen Palastkulturen

2.1. Andere Herrscher, ähnliche Götter? Die minoische und die mykenische Kultur

«Are the Knossos and Pylos tablets written in Greek?», überschrieb Michael Ventris am 1. Juni 1952 seine Arbeitsnotiz Nr. 20 und formulierte damit eine revolutionäre Erkenntnis. 1878 waren erstmals Tontafeln mit unbekannten Schriftzeichen zutage getreten, von denen Arthur Evans als Ausgräber von Knossos im Jahre 1900 eine große Anzahl barg. In Abgrenzung zur älteren, ebenfalls auf Kreta vorkommenden Hieroglyphenschrift nannte er die Schrift wegen ihres abstrakteren Charakters ‹Linear›; in Abgrenzung zu ihrer älteren Variante, der wiederum auf Kreta vorkommenden Linear A-Schrift, sprach er von Linear B. Man ahnte, dass diese Tafeln einen Schlüssel zum Verständnis der bronzezeitlichen Kulturen darstellten, wusste jedoch weder, wie man die Zeichen entziffern sollte, noch, wel-

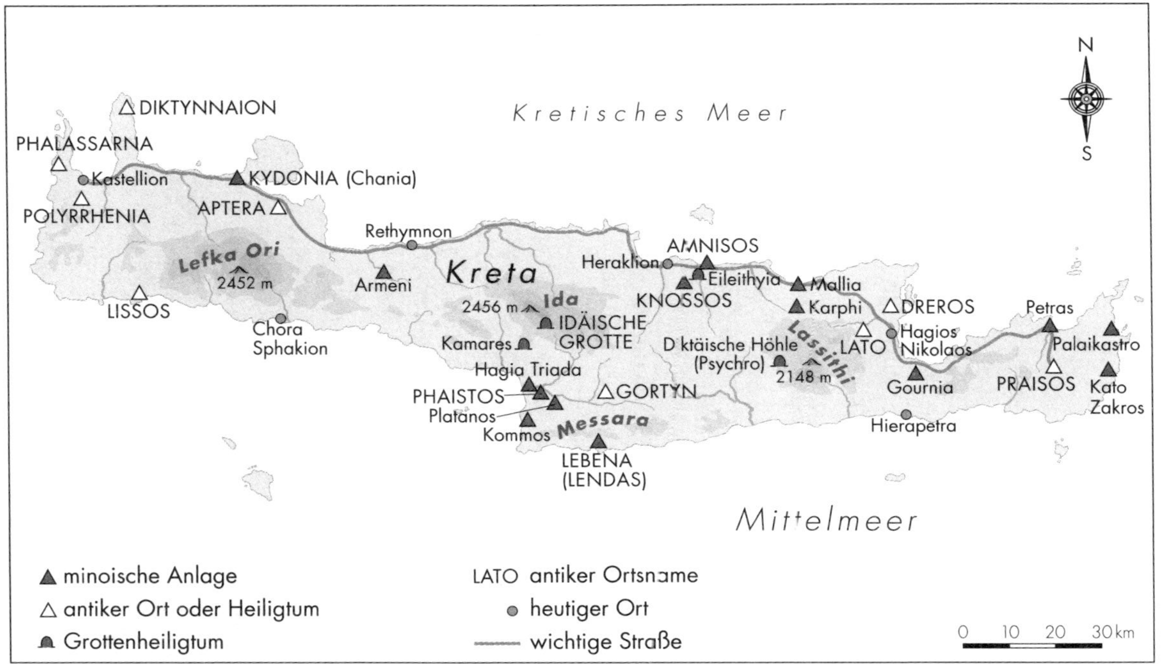
N
S
Kretisches Meer
DIKTYNNAION
PHALASSARNA
Kastellion
KYDONIA (Chania)
POLYRRHENIA
APTERA
Rethymnon
Lefka Ori
2452 m
LISSOS
Chora
Sphakion
Armeni
Kreta
2456 m
Ida
IDÄISCHE
GROTTE
Kamares
AMNISOS
Heraklion
Eileithyia
KNOSSOS
Mallia
Karphi
DREROS
Hagios
Nikolaos
LATO
Lassithi
D ktäische Höhle
(Psychro)
2148 m
Petras
Palaikastro
PRAISOS
Kato
Zakros
Gournia
Hierapetra
Hagia Triada
PHAISTOS
Platanos
Kommos
GORTYN
Messara
LEBENA
(LENDAS)
Mittelmeer
minoische Anlage
antiker Ort oder Heiligtum
Grottenheiligtum
LATO antiker Ortsname
heutiger Ort
wichtige Straße
0 10 20 30 km

che Sprache hinter diesen Zeichen stand. Ausgerechnet einem Amateur sollte der Durchbruch gelingen. Michael Ventris war ein sprachlich brillanter Architekt, der sich zeitlebens seiner Faszination für die Tontafeln hingab. Als Autodidakt baute er auf den Forschungen von Alice Kober auf und kommunizierte über Arbeitsnotizen mit Experten. 1952 wandte er sich an den gerade nach Cambridge berufenen Philologen John Chadwick, der sich im Zweiten Weltkrieg als Kryptoanalytiker bewährt hatte. Gemeinsam erhärteten sie die These: Was sich hinter der Linear B-Schrift verbarg, war eine frühe Form des Griechischen.

Die katastrophalen Brände, welche viele Palastanlagen schwer beschädigten und das Ende der mykenischen Kultur einleiteten, sind überlieferungsgeschichtlich makabrerweise als Glücksfall zu bezeichnen. Denn sie hatten zur Folge, dass Archivbestände über Jahrtausende konserviert wurden, die ursprünglich als das Wirtschaftsjahr abdeckende Alltagsnotizen für den Palast gedacht waren. In den Feuersbrünsten wurden die eigentlich schnell vergänglichen Tontäfelchen mit den Linear B-Notizen gehärtet. Die Entdeckung, dass die Schriftzeichen eine Frühform des Griechischen verschlüsselten, war eine Sensation und schien die kühnen Vermutungen der Ausgräber zu bestätigen, dass man einer Kultur von Griechen aus der Zeit des Trojanischen Krieges gegenübertrat. Aber die Hoffnung, dass man nun den Herrschern begegnen würde, die man aus den homerischen Epen kannte, wurde enttäuscht. Denn die Archivnotizen waren nicht dafür gedacht, historische Erinnerungen festzuhalten; dazu wäre die aus syllabischen, numerischen und ideographischen Zeichen zusammengesetzte Schrift gar nicht geeignet gewesen. Vielmehr handelte es sich um Verwaltungsnotizen zu ökonomischen Transaktionen. Es ging um Ausgaben, insbesondere die Verteilung von Rohstoffen zur Weiterverarbeitung in Werkstätten, die Zuteilung von Saatgut und Nahrungsmitteln, um die Überwachung von Schafherden zur Gewinnung von Wolle und zur Herstellung von Textilien; es ging um Inventare der palasteigenen Magazinbestände sowie um Buchführung darüber, welche Umwohner ihre wirtschaftlichen Verpflichtungen und Dienstleistungen erfüllt hatten. Darüber hinaus kontrollierte und organisierte der Palast mit Hilfe untergeordneter Funktionsträger im Umland Projekte der Infrastruktur. In den Feuersbrünsten des 13. und 12. Jahrhunderts v. Chr. wurden diese Momentaufnahmen der Palastwirtschaft für Jahrtausende konserviert.

Über die systematische Auswertung zahlloser solcher Tafeln vor allem aus Pylos in Messenien, Theben in Boiotien, Knossos auf Kreta und Mykene in der Argolis ist es Forschern im Laufe der Jahre gelungen, ein differenziertes Szenario administrativer, ökonomischer und religiöser Strukturen der mykenischen Welt zu entwerfen. Dadurch wurde das Bild, das man sich auf Basis der homerischen Epen und der Ausgrabungen unter Heinrich Schliemann in Troja (mehrfach zwischen 1870 und 1890) und Mykene (1874–1876) sowie unter Arthur Evans in Knossos (1900–1935) von den bronzezeitlichen Kulturen im Ägäisraum gemacht hatte, erheblich modifiziert.

Man sieht, was man weiß, und findet, was man sucht. Schliemann suchte Homers Troja und fand es auf dem Hügel von Hisarlık. Eine goldene Totenmaske, die er 1876 in einem Gräberrund auf der Burg von Mykene ausgrub, musste die Totenmaske des Agamemnon sein, dachte er im Zirkelschluss, weil die homerischen Epen Mykene als Sitz des Anführers des griechischen Koalitionsheeres ausweisen, das gen Troja zieht. Folglich erhielt die bronzezeitliche Zivilisation, deren materielle Überreste zutage traten, nach dem Herrschersitz des homerischen Anführers Agamemnon ihren Namen als ‹mykenische Kultur›.

Entsprechend war für Evans als Ausgräber von Knossos bald klar, dass das größte kretische Zentrum nur von einem beherrscht worden sein konnte: von Minos, dem legendären kretischen Herrscher, dessen Volk der Minoer in der Generationenrechnung griechischer Dichtung den Heldengeschlechtern um Agamemnon und Odysseus vorausgeht. Tatsächlich bestätigen archäologische Analysen, dass die Blütezeit der kretischen Paläste deutlich früher anzusetzen ist als diejenige der bronzezeitlichen Paläste auf dem Festland. In der zweiten Hälfte des 16. Jahrhunderts v. Chr. wurde die sogenannte minoische Kultur der Neuen Paläste (1800–1500 v. Chr.) zerstört – Knossos erst im 14. Jahrhundert – und allmählich durch jene der mykenischen Einwanderer oder Eroberer überlagert. Beide Kulturen wiesen weitgespannte Handelsnetzwerke auf, die maßgeblich auf Schiffsverkehr beruhten. Das angebliche Seereich des Minos, von dessen Existenz Evans überzeugt war, entsprang jedoch wesentlich einer Analogie zum British Commonwealth und damit der Vorstellungswelt, der Evans zeitgenössisch verhaftet war.

Die modernen Bezeichnungen ‹minoisch› und ‹mykenisch› aus der Anfangsphase archäologischer Beschäftigung mit den bronzezeitlichen Kulturen sind geblieben. Die Vorstellungen von Evans und Schliemann, wie diese Kulturen beschaffen gewesen sein mögen, hat man dagegen weitgehend revidiert. So ist man davon abgekommen, den Herrscher von Mykene in Analogie zu Agamemnon als *basileútatos*, als Oberkönig über alle anderen mykenischen Palastherrschaften anzusehen. Stattdessen zeichnet sich eine Welt mit mannigfachen Palastzentren ab, denen Subzentren und Villen im Umland zugeordnet waren. Die Handelsbeziehungen dieser Zentren waren beachtlich. Bernsteinfunde weisen auf Kontakte bis in den Ostseeraum hin, Rollsiegel auf Kontakte in den Vorderen Orient. Aber mit einem Großreich wie dem British Commonwealth sind diese Palastherrschaften schon aufgrund ihrer relativ geringen territorialen Ausdehnung nicht vergleichbar.

Betritt man die Palastanlage von Pylos im Südwesten der Peloponnes, wird physisch erfahrbar, wie fundamental sich diese Form von Herrschaft von der späteren griechischen Polis unterschied. Bis man in das Herz des Palastareals gelangt, das Megaron mit seiner von vier Säulen umstandenen riesigen Herdstelle in der Mitte, mit Sitzbänken entlang der Wände und einem herausgehobenen Sitz, weshalb man auch von einem Thronsaal gesprochen hat, bis man in dieses Herz des Palastareals gelangt, muss man viele Wegwindungen nehmen, viele Tore und Gemächer passieren. Selbst wenn sich die Raumflucht auf das Megaron hin öffnet, sieht man immer noch nicht, wer sich in diesem Zentralraum aufhält. Bereits über diesen Weg werden Status und Hierarchien unmittelbar erfahrbar. Das ist etwas grundsätzlich anderes als der freie Platz, der jedem Bewohner zugänglich und der das Herz einer jeden Polis sein sollte: die *agorá*. Auch in den bronzezeitlichen Palastanlagen gab es große Höfe, die als Versammlungsplätze und Schaubühnen für Veranstaltungen verschiedener Art dienten. Dort wurden große Feste gefeiert, worauf u. a. die Prozessionswege in den Anlagen von Mallia und Phaistos auf Kreta hindeuten, die zu den mit Schautreppen gesäumten Plätzen führen. Aber mit politischer Teilhabe großer Bevölkerungsgruppen hatte dies nichts zu tun.

Wer dort residierte, können wir nur erahnen. Die Linear B-Tafeln erwähnen neben anderen Funktionsträgern sowohl einen *wa-na-ka* (*wánax*, im späteren Griechisch *ánax*, ‹Herr›) als auch einen *qua-si-re-u* (im späteren Griechisch *basileús*, ‹König›). Ob man wegen dieser aus späteren Kontexten vertrauten Begrifflichkeiten davon ausgehen kann, dass eine Adelsschicht ein Band der Kontinuität zwischen der mykenischen Palastwelt und der Welt der entstehenden Poleis knüpfte, ist jedoch höchst strittig. Unstrittig ist, dass die Elite dieser geschichteten Gesellschaft über erhebliche Reichtümer verfügte. Was von ihr blieb, sind die eindrucksvollen Grabanlagen, die in ihrer Ausgestaltung von monumentalen Kuppelgräbern (*Tholoi*) über Kammergräber bis zu Steinkisten in Erdgruben Zeugnis von einer stark hierarchisierten Gesellschaft ablegen und die Phantasie der Nachgeborenen bezüglich dieses Heroenzeitalters anregten.

Ein weiteres mögliches Band der Kontinuität besteht in Religion und Kult. Götter wie Artemis, Hermes und Poseidon sind bereits auf Linear B-Tafeln bezeugt. Aber kann man von einer Namensgleichheit mit Göttern späterer Zeit Kontinuität in Kult und Religion ableiten? Rituale unterliegen dem Generalverdacht der Beständigkeit. Tatsächlich weisen einige Heiligtümer durchgehende kultische Aktivitäten von der Bronzezeit über die Dark Ages bis in die archaische Zeit auf, darunter bekannte Stätten wie Kalapodi in Phokis oder das Lykaion in Arkadien. Fällt es schon in historisch hellerer Zeit schwer, Rituale zu fassen, ist dies für bronzezeitliche Kontexte nahezu unmöglich. Entsprechend sollte man durchgehende kultische Aktivität an einem Ort noch nicht mit Kultkontinuität gleichsetzen. So zeigen die am Lykaion gefundenen Votivgaben, dass die Pilger der Bronzezeit, die das hoch in den Bergen gelegene Heiligtum aufsuchten, vor allem aus Gebieten südlich und westlich des Gebirgskamms kamen. Dagegen stammte der Kerneinzugsbereich der Klienten in klassischer Zeit aus dem Gebiet östlich davon. Mit einer solchen Verschiebung der Verehrergruppierungen dürften auch Veränderungen in der Kultpraxis einhergegangen sein. Während man an anderen Heiligtümern wie in Delphi auf der Basis von Weihgaben genauer analysieren kann, wie sich die Kultteilnehmer zwischen dem 10. und 6. Jahrhundert v. Chr. von lokalen Anwohnern zum ‹Jetset› einer im griechisch-mediterranen Raum aktiven *Aristokratie* weiteten, lässt sich dies für die Frage nach religiöser Kontinuität zwischen Bronzezeit und archaisch-klassischer Zeit weder generalisieren noch stichhaltig nachweisen.

Wie sehr Lokaltraditionen das Bild einzelner Götter bestimmten, veranschaulicht Kreta als Geburtsort des Zeus. Der Mythos von seiner Geburt vor Ort war kultisch relevant. Im ostkretischen Heiligtum von Palaiokastro besang man alljährlich den diktäischen Zeus, der nach der Diktäischen Grotte auf Kreta als einem seiner mythischen Geburtsorte benannt war. Das inschriftlich überlieferte Kultlied wird auf das 4./3. Jahrhundert v. Chr. datiert:

Heil dir, größter Kouros, sei gegrüßt, Sohn des Kronos,
allmächtiger Herrscher, du stehst an der Spitze der Dämonen.
Komm nach Dikta zur Jahreswende und erfreue dich
unseres Liedes,

sangen die Kultteilnehmer refrainartig als wiederkehrende Anrufung der Gottheit (Inscriptiones Creticae III.2.2). Was moderne Interpreten besonders faszinierte, war die Gestalt, in der Zeus hier angerufen wurde: als junger Mann, als größter aller *kouroi* (Jungmänner). Scheinen hier weit ältere religiöse Schichten eines kretischen Zeuskultes durch, dessen Spezifika womöglich bis in die minoische Zeit zurückreichen? Es ist verführerisch, einen spätminoischen Statuen-Kouros, den man in

Palaiokastro fand, als frühe Darstellung des kretischen Zeus zu deuten. In Palaiokastro lassen sich zwar bis in minoische Zeit zurückreichende Kultaktivitäten nachweisen. Aber heißt das, dass man bereits um 1500 v. Chr. einen solchen Zeus verehrte, wie es der Hymnos von Palaiokastro nahelegt? Im Hymnos tritt Zeus als junger Mann und Anführer von Daimonen, tritt er als *eniautós daímōn* auf, wie Jane Harrison ihn nannte: als ein Gott, der alljährlich neu geboren wurde wie die Vegetation, als ein Gott, der alljährlich wurde und verging.

Wie Kult und Mythos in minoischer, mykenischer und früharchaischer Zeit zusammenhingen, werden wir wohl nie wissen, weil keine Schriftzeugnisse existieren, die das eine mit dem andern zweifellos verbänden. Aus den erhaltenen Quellen wird allerdings klar, dass der Zeus von Palaiokastro lokal- und regional-spezifische Züge aufwies, die sich deutlich vom Pantokrator (dem «Alles-Beherrscher») unterschieden, zu dem er in spätklassischer und hellenistischer Zeit auf Kreta wurde, als er in seiner Funktion als Schwurgott beim Abschluss von Staatsverträgen einer panhellenisch betrachtet ureigenen Aufgabe nachkam: für Recht im Weltgefüge zu sorgen. Genauso wenig wie Zeus an allen Orten in gleicher Gestalt verehrt wurde, dürfen wir aus der Namensgleichheit von Gottheiten in bronzezeitlichen und klassischen Zeugnissen auf Kultkontinuität schließen.

Bleibt am Ende die Sprache als gewichtigstes Argument für einen Beginn der Griechischen Geschichte in der Bronzezeit? In der Linguistik distanziert man sich heute von Vorstellungen, Sprachen könnten auf eine vielen Verästelungen zugrunde liegende Ursprache zurückgeführt werden, in diesem Fall auf das Griechisch von Linear B, welches wiederum als eine Ausprägung des Indoeuropäischen anzusehen wäre. Die Verwaltungsnotizen einer Schreiberelite sollten wir nicht mit gesprochenen Dialekten gleichsetzen, zumal die Bedeutung vieler in Linear B überlieferten Wörter aus späteren Formen des Griechischen abgeleitet wurde. Letztlich wissen wir nicht, inwiefern sich das Bedeutungsspektrum phonetisch ähnlicher Wörter verändert hat. Bezüge bestehen zweifellos. Aber eine eindeutige Antwort darauf, wie griechisch die Sprachen waren, die man im Ägäisraum der Bronzezeit verwendete, kann es genauso wenig geben wie Jahrhunderte überspannende semantische Sicherheit.

2.2. Licht in der Dunkelheit: Die Dark Ages

Um 1200 v. Chr. führte ein multikausal bedingtes Katastrophenszenario aus strukturellen und kontingenten Faktoren zum Kollaps der Palastkultur. Der sogenannte Seevölkersturm, umfangreiche Migrationsbewegungen aus dem Ägäisraum Richtung Levante, Zypern und Ägypten im Kontext des kollabierenden Großreichs der Hethiter, zog Raubüberfälle und Bevölkerungsverschiebungen nach sich. Die bis heute beeindruckenden kyklopischen Mauern des Palastes von Tiryns oder der rätselhaften Festung Gla in Boiotien bezeugen, mit welchen Maßnahmen man sich vor Überfällen durch marodierende Gruppen aus der Ferne und der Nähe zu schützen versuchte. Solche exogenen Faktoren stießen auf die systemimmanente Instabilität der Palastherrschaften, deren Verteilungskreislauf zwischen Zentrale und Umland genauso gestört war wie der Fernhandel. Man kämpfte um Ressourcen, deren Mangel durch die Bautätigkeit, durch Erdbeben, Seuchen, Klimawandel und demographische Aspekte verstärkt wurde. Um 1200 brannten die großen Paläste, und die mykenische Kultur brach flächendeckend fast überall zusammen.

Anschließend lässt sich in allen Lebensbereichen ein Rückgang feststellen: Die hochkomplexen Palastherrschaften machten gering organisierten, kleinräumigen Gemeinden Platz. Zu den massiven Bevölkerungsverschiebungen kam ein Bevölkerungsrückgang, halbnomadische Lebensweisen prägten das Bild. Überregionaler Handel fehlte weitgehend, die Wirtschaft wurde dezentral organisiert. Damit ging der Verlust von Schriftlichkeit einher. Architektonisch thronten nicht mehr zweistöckige Palastbauten mit Marmorverkleidung, freskenverzierten Sälen und Baderäumen mit Fließendwasser über den Ebenen, sondern fügten sich strohgedeckte Lehmhütten in die Landschaft ein.

Als typische Siedlung mag Nichoria in Messenien gelten, die verschiedenen Familien in Einraumhäusern Unterkunft bot. Unter ihnen sticht ein bemerkenswertes Gebäude hervor: ein Apsidenbau von 16 Metern Länge, der in drei Innenräume unterteilt und auf einem Steinsockel errichtet war. Im Boden befand sich ein gepflasterter Kreis: ein offener Herd, der möglicherweise auch für kultische Zwecke verwendet wurde (Haus Unit IV-1, 10./9. Jahrhundert v. Chr.). Scherben- und Knochenfunde verraten, dass die komplexe Anbauwirtschaft mykenischer Zeit Vergangenheit war und dass man sich primär von Schlachtvieh ernährte. Im Haus des vermutlichen Anführers der Siedlung setzte man sich zusammen, aß, spielte und erzählte. Dieser Herrscher war kein mykenischer *wánax* mehr, sondern Herr über eine kleine Gruppe von Viehzüchtern, die kaum Kontakte zur Außenwelt hatten; darauf deuten die vor Ort gefundenen, lokal gefertigten Objekte hin.

Während einige der alten Palastzentren verlassen wurden, erlebten andere in submykenischer Zeit (1200–1050 v. Chr.) eine nachpalatiale Blütephase. Im Ruinenareal des Palastes von Tiryns entstanden verschiedene Megaron-Bauten, die wahrscheinlich Zentren erweiterter Familienverbände waren. Dabei handelte es sich um Häuser mit einem rechteckigen Grundriss, die aus einem zumeist mit einem Herd versehenen Hauptraum sowie einer Vorhalle bestanden. Das große Megaron im ehemaligen Herzen des Palasts wurde in einen Vor- und einen Hauptraum zweigeteilt, der davor befindliche ehemalige Rundaltar erhielt eine quadratische Struktur. Wo sich einst der innerste Zirkel um die Palastherrscher versammelt hatte, versammelten sich nun neue Oberhäupter, die sich im baulichen Glanze einstiger Herrscher sonnten, ohne deren Machtfülle zu erreichen. Der Altar befand sich bezeichnenderweise außerhalb des Gebäudes und war damit für alle sichtbar. Nicht von ungefähr sehen viele im Megaron-Haus den Ursprung für spätere Tempelbauten. Sowohl architektonisch als auch funktional stoßen wir auf ein Konglomerat an Wandel und Kontinuität, das in typischer Ambiguität die Welten von Palast und Polis verbindet.

Erst um 1075 v. Chr. begannen die wirklichen Dunklen Jahrhunderte, deren Name aus den bescheidenen Lebensverhältnissen und der Quellenarmut herrührt, deretwegen wir sehr wenig über diese Zeit wissen. Aber es gibt herausragende Ausnahmen, die von Wohlstand und internationaler Vernetzung zeugen, auch in dieser ansonsten dunklen Zeit. An erster Stelle ist hier das *Heroon* von Lefkandi auf Euboia zu nennen, dessen Besonderheit sich regional erklären lässt, weil Euboia über Jahrhunderte hinweg ein Knotenpunkt mediterraner Kulturkontakte war. Insgesamt wird immer fraglicher, ob man die Geschichte der Dark Ages aufgrund der großen regionalen Unterschiede überhaupt als eine zusammenhängende Geschichte erzählen kann. Die Friedhöfe in Lefkandi jedenfalls bezeugen mit ihren Grabbeigaben auch für das 10. und 9. Jahrhundert v. Chr. Importe orientalischer Luxusgüter und verweisen auf eine wohlhabende Krieger- und Händlerelite.

An der dortigen Toumba-Nekropole hat man mit dem Heroon von Lefkandi einen exzeptionellen Fund gemacht. Es handelt sich um einen um 950 v. Chr. errichteten, 45 m langen, dreifach unterteilten Apsidenbau. Im mittleren Raum befindet sich die rätselhafte Grabstätte eines samt Viergespann, das den Leichenwagen gezogen hatte, prunkvoll mit Prestigegütern beigesetzten Kriegers sowie einer dort beerdigten Frau, die möglicherweise beim Tod des Kriegers geopfert wurde. Nach dem Begräbnis wurde der Bau rituell zerstört und mithilfe eines großen Tumulus markiert. Das ist Stoff, aus dem Epen gesponnen werden. Darüber hinaus sind die Außenmauern des Heroons von Pfostenlöchern umsäumt. Handelt es sich um ein frühes Beispiel von Säulenhallen, die einmal so typisch für die griechische Architektur werden sollten?

Je nachdem, ob man das Augenmerk auf Nichoria oder Lefkandi richtet, dürften sich die Einschätzungen, wie groß der Kulturbruch in den Dark Ages zu bewerten ist, unterscheiden. Bei allem Licht im Dunkel sollte man jedoch nicht übersehen, dass sich auf politisch-administrativer Ebene ein umfassender Schnitt vollzog, mit dem der Verlust vieler Kulturtechniken wie der Schrift, aber auch der Ingenieurskunst einherging. Letzteres spiegelt sich in einem Mythos, dessen schriftlich fixierte Versionen über ein Jahrtausend jünger sind als der Vorgang, den er beschreibt (Diod. 4,18,7; Paus. 9,38,7; Polyain. 1,3,5). Herakles habe die Drainagerohre (*Katavothren*) des Kopaissees verstopft, heißt es darin. Dieser See befand sich inmitten der Landschaft Boiotien, an deren nördlichem Rand das sowohl in der Bronzezeit als auch in Archaik und Klassik mächtige Orchomenos lag. Hauptkonkurrent dieser Siedlung über Jahrhunderte hinweg war Theben – jene Polis, die das südliche Becken der Region dominierte. Mykenische Ingenieure hatten den See mit Drainagerohren trockengelegt, so dass Orchomenos eine große Fruchtebene dazugewann. In submykenischer Zeit, als die Infrastruktur der Katavothren zerfiel, holte sich das Wasser die Ebene zurück. Erst im 19. Jahrhundert wurde sie erneut drainiert. Nun galt Herakles, die Inkarnation des griechischen Superhelden, ab geometrischer Zeit (9. Jahrhundert v. Chr.) als thebanischer Vorkämpfer schlechthin; sein Geburtsort wurde in der Stadt verortet. Wenn er die Drainagerohre des Sees verstopft, beraubt er Orchomenos eines Großteils seines Ackerlandes, seiner Existenzgrundlage, seiner Macht. Verbirgt sich hinter diesem Mythos ein historischer Kern – und wenn ja, welcher? Auf der Basis unserer archäologischen Erkenntnisse sind wir geneigt, den Ursprung der Erzählung im 12. Jahrhundert v. Chr. zu verorten. Aber wie hätte ein solches Wissen mündlich über Jahrhunderte tradiert werden sollen? Insofern wäre es naheliegender, die Erzählung als Chiffre für Konflikte zwischen Theben und Orchomenos in archaischer und klassischer Zeit zu verstehen. Möglicherweise entdeckte man da verstopfte Drainagerohre aus mykenischer Zeit und erkannte, wozu sie einst gedient hatten. Über solche Mythen konnte man das Fremdartige einordnen und erklären.

Wie weit reichen die Schichten zurück, die Mythen tradieren? Damit gelangen wir mitten hinein in eine Debatte, die um den trojanischen Sagenstoff geführt werden wird, solange man sich mit ihm beschäftigt.

2.3. Heroen als Vorväter: Die homerischen Epen

Für Thukydides beginnt die Geschichte der Hellenen mit dem Trojanischen Krieg (Thuk. 1,3–4). Man kann ihm insofern beipflichten, als die Legenden vom Kampf um Troja für hellenisches Selbstverständnis über Jahrhunderte hinweg zentral waren. Homer und Hesiod hätten den Griechen ihre Götter gegeben, sagt man, und drückt damit die ungeheuer formative Kraft der Kanonisierung aus, die von diesen Texten ausging, nicht nur im Hinblick auf einen panhellenischen Götterhimmel, sondern auch auf eine gemeinsame Geschichte und eine gemeinsame Kultur.

Den Zorn besinge, Göttin, des Peleus-Sohns Achilleus,
Den verderblichen, der zehntausend Schmerzen
über die Achaier brachte
Und viele kraftvolle Seelen dem Hades vorwarf
Von Helden, sie selbst aber zur Beute schuf den Hunden
Und den Vögeln zum Mahl, und es erfüllte sich
des Zeus Ratschluss –
Von da beginnend, wo sich zuerst im Streit entzweiten
Der Atreus-Sohn, der Herr der Männer, und der göttliche
Achilleus

(Hom. Il. 1,1–7, Übers. nach W. Schadewaldt).

So hebt die *Ilias* an; ‹Zorn› (*mễnis*) ist ihr allererstes Wort. Thema dieses Epos ist der Streit zwischen Achilleus und Agamemnon. In seiner Ehre gekränkt, zieht sich Achilleus aus dem Kampfgeschehen zurück, woraus zahlreiche Rückschläge für die griechischen Invasoren resultieren, bis sein Wiedereintritt die Wendung des Kriegsglücks zugunsten der Angreifer wendet. Über den Zorn des Achilleus macht der Dichter der Epen einen altbekannten Sagenstoff zum Thema. Allgemeiner gesagt, thematisiert das Epos Streit auf unterschiedlichen Ebenen. Da insbesondere Aristokraten, wie es die Bezeichnung der *áristoi* als ‹Beste› bereits nahelegt, immer und überall herausragen wollten (vgl. Hom. Il. 6,208), waren Streitigkeiten und Kriege in vielfachen Konstellationen an der Tagesordnung. Wie sollen sich Anführer verhalten, um Gemeinwohl zu sichern?, fragt die *Ilias*. Verletztes Ehrgefühl schürt Emotionen; so führen es die Eingangsverse der *Ilias* prototypisch vor. Im Zorn kommt es zu einer anderen Art von Streit, als er sich in einer ebenfalls prototypisch in den Epen anklingenden Debattenkultur auf der *agorá* gestaltet (vgl. Hom. Il. 2,211–393; 18,497–508). Streit kann zu kriegerischen Auseinandersetzungen und zu Koalitionen führen. Die Allgegenwart von Streit provozierte unendliche Bürgerkriege und zugleich deren Bekämpfung, aus der rechtliche Maßnahmen und politische Institutionen erwuchsen, die dem tödlichen Charakter des Streits einen Riegel vorschieben sollten. Streitkultur pflegte man noch beim *sympósion*. Aus ihr entstanden durch Platon (427–347 v. Chr.) unsterbliche Dialoge, die noch heute als Grundlage europäischer Philosophie angesehen werden. Kurz: In der *Ilias* erkannten sich Griechen aller Zeiten wieder. Entsprechend wichtig war es für Griechen späterer Epochen, sich unter den benannten Kämpfern wiederzufinden. Wessen Polis nicht im Schiffskatalog vorkam, der die Kontingente aus allen Gemeinden des Koalitionsheeres auflistete (Hom. Il. 2,494–759), hatte ein Legitimationsproblem. Und der Makedone Alexander wurde erst zum Hellenen, als er mit der *Ilias* im Gepäck gegen die Perser zog.

Ein Epos dieses Ausmaßes abzufassen, war um 700 v. Chr. ein revolutionärer Schritt, der erst durch Adaptionen phoinikischer Konsonantenschrift um 800 v. Chr. ermöglicht worden war. Mit einem Alphabet von weniger als 30 Buchstaben, das mit Zeichen für Vokale eine wirkliche Neuigkeit enthielt, konnte Dichtung solchen Umfangs zum ersten Mal fixiert werden. Wer immer sich hinter Homer verbirgt – ob ein Autorenkollektiv oder ein Endredaktor hinter dem Namen stand, der verschiedene Textschichten zu einem Ganzen fügte –, die Epen sind sorgfältig komponierte Kunstwerke, die einen vielschichtigen Sagenstoff zu einer Einheit gestalteten. Der Stoff, den das Epos behandelt, war jedoch keineswegs neu, im Gegenteil, er war weithin bekannt.

Dies erkennt man am sogenannten Nestorbecher, einem

Trinkgefäß, das in der zweiten Hälfte des 8. Jahrhunderts v. Chr. vermutlich auf Rhodos für Trinkgelage (*sympósia*) gefertigt worden war (Meiggs/Lewis 1). Gefunden hat man ihn in einem Grab in Pithekoussai, dem heutigen Ischia. Auf dem Becher prangt eine Inschrift in euboiischer Schrift, die ihn als Besitz Nestors, des homerischen Herrschers von Pylos, ausweist und damit möglicherweise auf jenen Nestorbecher anspielt, der in der *Ilias* vorkommt (Hom. Il. 11,632–637). Denjenigen, der das Gefäß ansetzt, ergreife das Verlangen der Aphrodite, verheißt das Graffito. Weingenuss regt die Sinne an, das galt für das altgriechische Symposion wie für den Inhalt der Krüge, die deutschen Veteranen nach geleistetem Einsatz im Ersten Weltkrieg übergeben wurden und auf deren Emaillegrund sich, wenn man sie geleert hatte, im Gegenlicht eine nackte Frauengestalt zeigte. Die Aussagekraft des Fundstücks ist jedoch weniger anthropologischer als kulturspezifischer Art. Denn so vereinzelt diese frühesten Zeugnisse in griechischer Schrift erhalten sind, erlauben sie doch weitgehende Schlussfolgerungen über die Verbreitung des trojanischen Sagenstoffes. Ob der Besitzer des Trinkgefäßes als Händler nach Pithekoussai gekommen oder schon länger dort ansässig war, sei dahingestellt. Wer daraus trank, partizipierte über das Symposion als Gelegenheit, Sagen zu erzählen, im doppelten Sinne an später charakteristischen Elementen griechischer Kultur und verankerte sie im italischen Raum.

In der *Odyssee* werden Symposia explizit geschildert. Aus Szenen wie derjenigen am Hof der Phaiaken, an dem der Rhapsode (*aoidós*) Demodokos auftritt und trojanischen Sagenstoff vor der Symposion-Gesellschaft zum Besten gibt (Hom. Od. 8,485–520), hat man auf typische Kommunikationssituationen geschlossen, in denen Sagenstoff verbreitet wurde: bei Zusammenkünften um ein Feuer, bei Gelagen und Festen, zu denen auch professionelle Sänger wie jener Demodokos ihr Können zum Besten gaben. Sie zogen umher, erregten Aufmerksamkeit, indem sie bekannte Stoffe neu thematisierten, und trugen dazu bei, dass diese Stoffe verbreitet wurden, dass sie in Urkonstellationen menschlicher Vergemeinschaftung beim

Mahl zu Traditionskernen überregionaler Vergemeinschaftung wurden.

Der Stoff der Epen wurde primär nicht gelesen, sondern gesungen und gehört. Sie entstammen der *Oral Poetry*. Was man zuvor an moderner serbokroatischer Volksepik studiert hatte, übertrugen Milman Parry und Albert B. Lord in den 1930er Jahren auf die Begebenheiten im griechischen Raum der Dunklen Jahrhunderte und frühen Archaik: dass Sagen mit Hilfe bestimmter Formeln bzw. stereotyper Ausdrücke mündlich tradiert wurden, welche die Memorierbarkeit steigerten; auch das Versmaß des Hexameters gehört dazu. Wandernde Sänger wie Demodokos verwendeten solche Textbausteine, um den Stoff bekannter Sagen immer wieder im Hinblick auf das Interesse ihres aktuellen Publikums anzupassen, so die These der Oral-Poetry-Forschung. Entsprechend hat man versucht, Formeln und Schichten eines älteren Griechisch in den Epen aufzuspüren. Im Einzelnen ist dies umstritten. Fraglos haben sich jedoch in dem uns vorliegenden Text Elemente und Ausdrücke aus vorausgehenden Epochen abgelagert. Nur was gehört in welche Zeit? Das ist für Historiker die Gretchenfrage.

In der überlieferten Form wurden Großteile der *Ilias* um 700 v. Chr., der *Odyssee* ungefähr dreißig Jahre später abgefasst. Während die *Ilias* den Krieg der Achaier, Danaer oder Argeier genannten vereinigten Griechen thematisiert, die unter der Führung des mykenischen Königs Agamemnon Troja bekriegen, behandelt die *Odyssee* die Irrfahrten des Odysseus, die er nach Abschluss des Krieges auf der zehn Jahre dauernden Rückkehr in seine Heimat Ithaka erlebt. Verfolgt von Poseidon, übersteht er einen Besuch bei menschenfressenden Kyklopen, wird durch Frauengestalten wie Kirke und Kalypso vom rechten Weg abgelenkt, durch Athene jedoch immer wieder auf Kurs gebracht. Da sein Hof durch die um seine Frau Penelope buhlenden Freier in Gefahr ist, begibt sich sein Sohn Telemachos auf die Suche nach seinem verschollenen Vater. Beide Handlungsstränge werden am Ende zusammengeführt: Der listenreiche Odysseus erobert sein Haus in einem Blutbad zurück.

In welchen historischen Kontexten sind diese Geschichten

entstanden? Migrationserfahrungen, die man aus der *Odyssee* herausliest, waren sowohl für Phasen der Bronzezeit, die Dark Ages als auch die sogenannten Große Kolonisation in der Archaik prägend. Insofern wurden emotionale Debatten vor allem um die Frage geführt, ob dem Trojanischen Krieg ein realer Krieg im 14. Jahrhundert v. Chr. zugrunde lag. Aus zeitgenössischer Sicht war klar, dass von einem Krieg berichtet wurde, der in heroischer Zeit ausgetragen worden war, und zwar genau in der Zeit, aus der die kyklopischen Mauerüberreste stammten. Schliemann war davon genauso überzeugt wie noch Manfred Korfmann im späten 20. Jahrhundert n. Chr., der über den vermeintlichen Nachweis von Troja als großem bronzezeitlichem Handelszentrum den Schauplatz eines großen Krieges, wie er in der *Ilias* beschrieben wird, zu rekonstruieren gedachte. Doch weder archäologische Zeugnisse noch eine mögliche Gleichsetzung von Troja mit dem hethitischen Wiluša oder eine hypothetische linguistische Identifizierung der Achaier mit der hethitischen Region Aḫḫiyawa können darüber Aufschluss geben.

Dürfen wir als Historiker also davon ausgehen, dass die Epen von Ereignissen in der Bronzezeit erzählen? Diese Fragen werden immer wieder emotional diskutiert, weil auf diesem Feld wissenschaftliche Glaubenskriege um epistemische Grundüberzeugungen und die Wurzeln unserer Kultur geführt werden. Auf der einen Seite stehen Realisten mit ihrer essentialistischen Auffassung, dass sich hinter der Erzählung der wahre historische Kern eines Krieges verberge, der in der Bronzezeit geführt wurde, auf der anderen die derzeit überwiegenden Konstruktivisten, welche die Epen in der uns vorliegenden Form als Produkt ihrer Abfassungszeit um 700 v. Chr. ansehen. Da zwischen dem Zusammenbruch der Palastkultur und der schriftlichen Fixierung eine Differenz von 500 Jahren liegt, in der sich ein Kulturbruch vollzog, sei eine genuine Tradierung mehr als unwahrscheinlich, argumentieren Letztere. Für sie sind die Epen als kunstvoll komponierte Dichtung in erster Linie eine Quelle für die Zeit, in der sie erzählt wurden, insbesondere im Hinblick auf sozialhistorische Hintergrundinformationen. Denn Zeitgenossen hätten die Geschichten nicht verstanden, wäre ihnen die lebensweltliche Ausschmückung der Geschichten nicht vertraut gewesen.

Skepsis gegenüber der Annahme, ein Text tradiere genuine Informationen aus einer über ein halbes Jahrtausend zurückliegenden Epoche, gebieten vor allem die Erkenntnisse der *Oral History*-Forschung, die sich mit der Frage auseinandersetzt, wie sich historische Inhalte im Rahmen mündlicher Überlieferung verändern. Mit jedem Wiedererzählen einer Geschichte verändert sie sich zumindest in Nuancen, und bisweilen erinnert man sich nach geraumer Zeit vor allem daran, wie man die Geschichte zu erzählen pflegte. Forschungen haben ergeben, dass mündliche Überlieferung höchstens drei Generationen umspannt. Entsprechend lesen Historiker die Epen heute politisch und sozialhistorisch in erster Linie als Quellen für ihre Abfassungszeit.

Was wissen wir von unseren Urgroßeltern? Die Antwort mag in Gesellschaften ohne Schriftkultur anders ausfallen als in unserer dokumentenfixierten Welt, und Erinnerung fokussiert deutlicher auf Ereignisse von großer, gar allgemeiner Bedeutsamkeit als auf Ereignisse des Alltags. Man ginge fehl, würde man die Epen ausschließlich als Zeugnisse für die Lebenswelt der Archaik lesen – schon deshalb, weil sie aus Sicht der Griechen Geschehnisse des Heroenzeitalters behandeln. So enthalten viele Szenen Archaismen, z.B. im Falle des Eberzahnhelms (Hom. Il. 10,261–265), der in Kriegen des archaischen Zeitalters sicher nicht mehr im Kampf verwendet wurde. Ähnlich wie im Falle der kyklopischen Mauern mag ein reales Fundobjekt aus der Bronzezeit, von denen man heute noch Modelle in Museen bestaunen kann, die Phantasie der Dichter angeregt haben, wenn sie das Kampfgeschehen ihrer heroischen Vorväter imaginierten. Ob der *Ilias* ein Krieg in der Bronzezeit zugrunde liegt, können wir heute nicht mehr feststellen. Aber in der Verquickung von Ruinen und Mythen malen die Epen ein mächtiges Bild der eigenen Vorgeschichte. In dieser Hinsicht tradieren sie das Erbe der bronzezeitlichen Palastkulturen, auf dem die griechische Kultur aufbaute.

3. Tausend Poleis, unzählige Ethne: Die Archaik

3.1. «Gut ist's dort niemals»: Bäuerliche Lebenswelten

«Hart ist der Winter und drückend der Sommer und gut ist's dort niemals!» (Hes. erg. 638–640), charakterisiert der Dichter Hesiod sein Heimatdorf Askra an den Abhängen des Helikon-Gebirges. Obwohl Hesiod der Oberschicht des Ortes zuzurechnen ist, gehörte er nicht der lokalen Elite der «gabenfressenden» *basileis* (Hes. erg. 263) aus der benachbarten Stadt Thespiai an und ist damit eher in gehobene bäuerliche als aristokratische Schichten einzuordnen. Mit dem Betrieb seines Landguts war er eng verbunden. Insofern schildert er bäuerliche Lebenswelten in seinen mit vielen Spruchweisheiten gespickten *Werken und Tagen* (*Erga kai hemerai*) zwar aus der Perspektive eines herausgehobenen Vertreters, aber in Kenntnis charakteristischer Probleme, Konflikte und Wertvorstellungen der ihn umgebenden Gesellschaft.

Für die Zeit um 700 v. Chr. handelte es sich bei Askra um eine typische Siedlung von 200 bis 300 Einwohnern. Dass ein Leben zwischen Hirten- und Ackerbaugesellschaft in dieser Zeit den Normalzustand definierte, zeigt sich auch an den Hintergrundschilderungen in den homerischen Epen. Städte wie Troja spielen zwar eine herausragende Rolle, das Leben in ihnen wird jedoch eher als Idealzustand imaginiert als wirklich beschrieben. Prototypisch geschieht dies mit der Phantasiestadt der Phaiaken (Hom. Od. 6,2–10). Dort besticht das Haus des Herrschers Alkinoos nicht nur durch hohe Hallen, sondern durch prächtige Obst- und Gemüsegärten (Hom. Od. 7,111–131). Und der Hof des Odysseus mit dem etwas abseits gelegenen Landgut des Laertes (Hom. Od. 24,205–212) fügt sich in Szenerien ein, die man sich auch für Askra vorstellen kann. Bezeichnenderweise wird der Reichtum des Odysseus wie derjenige anderer homerischer *basileis* in Viehherden bemessen. Lebensweltlich betrachtet, stechen die Anwesen der homerischen Helden zwar aufgrund ihrer Größe und zentralen Lage aus einer Siedlung hervor, sind jedoch nicht Palast, sondern Landgut. So liegt der Hund des Odysseus verlaust auf dem Mist, der sich vor dem Hoftor häuft (Hom. Od. 17,296–297). Grundlage der sozialen Ordnung war der *oíkos*, das Haus mit den darin lebenden Menschen. Dazu gehörten neben der Kernfamilie wechselndes Gesinde ohne eigenen Landbesitz, das sich auf Höfen verdingen musste, sowie seltener Sklaven. Handwerkliche Aufgaben scheinen weitgehend innerhalb der Haushalte ausgeführt worden zu sein. Arbeitsteilung war dennoch ein basales Prinzip, insbesondere zwischen den Geschlechtern. Während der Bauer das Feld bestellte, bereitete die Bäuerin Mahlzeiten zu, verarbeitete Milch zu Käse und Wolle zu Kleidung. Bemerkungen in der archaischen Dichtung, die im 21. Jahrhundert als frauenfeindlich verstanden werden, sind in erster Linie als Ausdruck der Angst junger Bauern zu lesen, sie könnten sich eine für den Erhalt des Hofes ungeeignete Ehefrau ins Haus holen. Mit einer «Biene» an der Seite überlebte man, nicht dagegen mit einem eitel herausgeputzten Pferd (vgl. Hes. erg. 372–374; Semonides von Amorgos F 7 West).

Die Landwirtschaft war in allen antiken Gesellschaften Grundlage wirtschaftlicher Aktivität. Um einen Siedlungskern (*ásty*) herum erstreckten sich Anbauflächen (*chṓra*) für Getreide, Gemüse und Obst, Wein und Oliven, hinzu kamen Parzellen in weiter entfernten Gebieten. Ein Gut von fünf Hektar, das mit einem Ochsen bearbeitet wurde, warf den Ertrag für den Unterhalt einer Familie ab. Dessen Eigentümer zählte bereits zu den wohlhabenderen Bauern, die sich als schwerbewaffnete Fußsoldaten (*Hopliten*) auszurüsten vermochten, wohingegen die wirtschaftliche Lage der mit Hacke und Spaten arbeitenden Kleinbauern prekär war. Bedroht durch Kriege, Missernten, Viehraub und die Verkleinerung von Parzellen aufgrund von Erbkonstellationen liefen sie stets Gefahr, den Status als selbständige Oikosbesitzer zu verlieren und in unterbäuerliche Schichten abzusinken. Insofern war bäuerliches Denken von der Furcht vor geringen Erträgen und Hunger geprägt. «Nur ein einziger Sohn soll gezeugt sein, das Haus seines Vaters dann zu hüten; so wächst ja der Reichtum in den Gemächern» (Hes. erg. 375–376), bringt Hesiod das Problem der Realerbteilung auf den Punkt, das auch ihn und seinen Bruder Perses entzweite. Viele Familien standen vor einem Dilemma, weil die Zeugung eines einzigen Sohnes aufgrund der Kindersterblichkeit zu riskant war, zwei oder mehr erwachsene Söhne dagegen eine Zersplitterung des Besitzes in so kleine Einheiten herbeiführten, dass sie keine Existenzgrundlage mehr boten. Die Reformen des athenischen Gesetzgebers und Schlichters Solon veranschaulichen, welche Bedrohung für das gesamte Gemeinwesen um 600 v. Chr. von einer Agrarkrise ausging, die viele einstmals freie Bauern in die Schuldknechtschaft geführt hatte. Auf der zahlenmäßig gegenüber den unterbäuerlichen Schichten und den Adeligen starken bäuerliche Mittelschicht bauten alle Gemeinwesen auf. Bisweilen waren auch sie gegenüber den «gabenfressenden» *basileis* als der lokalen Elite abgabenpflichtig, weil Letztere nicht nur ihren Beitrag zur Verteidigung der Polis leisteten, sondern darüber hinaus Gemeinschaftsaufgaben wie die Leitung von Schiedsgerichtsverfahren bei Konflikten zwischen Bauern übernahmen und Feste veranstalteten.

Wie sehr die Bauern auf ihren Hof und die Sicherung ihrer Existenzgrundlagen ausgerichtet waren und inwiefern sie von der Führung der *basileis* abhingen, wenn es um hofübergreifende Gemeinschaftsbildung ging, ist umstritten. Der Dienst wohlhabender Bauern als Hopliten in der *phálanx* (Schlachtformation der Schwerbewaffneten) ab dem 7. Jahrhundert v. Chr. ist allerdings genauso ein Indiz für gemeinschaftsförderndes Bewusstsein wie Hesiods Orientierung an Gerechtigkeit (*díkē*) als einer Leitnorm des Zusammenlebens. Die homerischen Epen und die hesiodeischen Schriften haben ein gemeinsames Substrat: die zentrale Frage, wie der Einzelne mit seinen Sonderinteressen in Gemeinschaft verantwortungsvoll handelt. Auch Frauen waren mit dieser Frage konfrontiert. Ob sie Andromache oder Penelope hießen, im *oíkos* scheinen gerade sie darauf hingewirkt zu haben, die Eskalation von Konflikten einzudämmen. Warum sollten Bauern weniger gemeinschaftsorientiert gewesen sein als die oftmals bis aufs Messer zerstrittenen, miteinander konkurrierenden *basileis*? Bäuerliche Spruchweisheiten erhellen, wie sehr man auf Nachbarschaftshilfe im Dorf als einer Schicksalsgemeinschaft angewiesen war (vgl. Hes. erg. 344–345). Das Dorf machte über den *oíkos* hinaus den Nukleus von Gemeinschaftsbildung aus. Seine Bedeutung für politische Partizipation jenseits städtisch fokussierter Kreise sollte man nicht unterschätzen.

3.2. Migration und Kulturkontakte: Die Große Kolonisation

Mit der *Theogonie* stammt ein weiteres berühmtes Werk aus Hesiods Feder. Sie bietet eine Kosmogonie, in der Erde, Unterwelt und das Begehren (*Eros*) aus dem Chaos entstehen. Weltgeschichte ist der Kampf von Göttergenerationen und Giganten um die Vorherrschaft. Ähnlichkeiten zu epischer Poesie, wie man sie aus dem Alten Orient kennt, liegen auf der Hand. Da Hesiods Vater von Kyme an der Westküste Kleinasiens nach Askra in Boiotien gekommen war, mag Hesiod in besonderer Weise mit Traditionen aus dem Osten in Berührung gekommen sein. Letztere sollten die griechische Kultur mehr prägen, als dies Vertreter älterer Forschungsmeinungen, die von der Originalität griechischer Kultur als Wiege der abendländischen Kultur ausgingen, eingestehen wollten. In Hesiods Werken begegnen wir nicht nur bäuerlichen, lokal orientierten Lebenswelten, sondern auch einer Welt in Bewegung.

Bereits in seiner *Theogonie*-Edition von 1966 und dann in seiner Monographie *The East Face of Helicon* von 1997 verfocht der Philologe Martin L. West wie kurz darauf Walter Burkert die bahnbrechende These, dass die frühgriechische Literatur Teil eines Kulturkontinuums mit dem Alten Orient sei, das sich von akkadischer Keilschrift über aramäsche, phoinikische und schließlich griechische Alphabete konstituiere und vom Euphrat bis nach Italien reiche. Sowohl formal als auch inhaltlich deckte er zahllose Bezüge auf. So verweisen die Sukzessionsmythen der *Theogonie* genauso wie die *Werke und Tage* als Weisheitsliteratur auf entsprechende Vorbilder der älteren mediterranen Kulturen des Ostens. Sowohl Achill als auch Herakles lassen sich mit Gilgamesch parallelisieren. Die Beeinflussung ging weit über poetische Strategien und Mythen, Lehnwörter und die Schrift hinaus. In der Archäologie spricht man für eine Phase der griechischen und etruskischen Kunst von der «Orientalisierenden Periode» (ca. 750–650 v. Chr.): Auch für Kunststile ist Wests These weithin akzeptiert. Sowohl Importe als auch Eigenproduktionen von Bronzekesseln, Bronzefiguren und Elfenbeinschnitzereien, die über den Handel nach Griechenland gelangten und in Heiligtümern wie Olympia als Weihgaben oder in Gräbern als Prestigegüter gefunden wurden, lassen erkennen, wie verwoben der ostmediterrane Raum in dieser Hinsicht war. Aber inwieweit gilt die These auch für religiöse Phänomene sowie soziale und politische Institutionen? Im Einzelnen ist umstritten, wo wir Übernahmen, wo wir Transformationen und wo wir kulturelle Spezifika fassen. So sprechen viele Charakteristika des Zeus für Prägungen seiner Gestalt im Nahen Osten, aber dies trifft sicherlich nicht auf alle seine lokal bezeugten Eigenschaften zu. Narrative Strategien sowie Inhalte griechischer Dichtung mögen mit älterer Dichtkunst aus östlichen Kulturkreisen vergleichbar sein, nicht dagegen der Hexameter als Spezifikum der griechischen Welt.

Ob es an das Hethiterreich oder später an das Perserreich angrenzte bzw. ihm angehörte, Kleinasien, die Geburtsregion von Hesiods Vater, war über alle Epochen hinweg prädestiniert als *melting pot* verschiedener Kulturkreise. In ionischen Städten wie Milet begannen Menschen am Anfang des 6. Jahrhunderts v. Chr., nach dem Ursprung aller Dinge (*archê*) zu fragen. Das Besondere an den ersten als Naturphilosophen bekannten Denkern wie Thales, Anaximander, Anaximenes und später Heraklit war die Grundeinstellung, die Phänomene der Welt nicht mehr mythisch oder mit Verweis auf das Wirken übernatürlicher Mächte, sondern mit den Mitteln der Vernunft aus natürlichen Ursachen zu erklären. Ihre Interessen richteten sich, modern gesprochen, genauso auf Mathematik und Naturwissenschaften wie auf Ethik, Theologie und politische Philosophie.

Viele dieser Männer waren weit gereist. Thales von Milet scheint als Kaufmann bis nach Ägypten gekommen zu sein, wo er die Höhe der Pyramiden durch die Messung ihres Schattens zu einer bestimmten Tageszeit errechnete und im Rückgriff auf astronomisches Wissen aus dem Orient eine Sonnenfinsternis voraussagte. Zu Recht wurde er später zu den Sieben Weisen gezählt. Pythagoras von Samos gründete im süditalischen Kroton eine neue Denkergemeinschaft, die große Ausstrahlungskraft besaß. Seine Biographie ist bezeichnend, insofern wir in seiner Person einen Akteur von Kulturtransfer fassen, der an seinem Herkunftsort als *melting pot* von Migranten und Kontakten unterschiedlicher Art sowie auf eigenen Reisen viel erfahren hatte und sein Wissen schließlich selbst als Migrant verbreitete.

Wissen sollte rational generiert und erkundet werden. In diesen Kontext gehört auch die Entstehung der Geschichtsschreibung, die sich von den Göttergeschichten der Epen abgrenzte. Herodot, der *pater historiae*, stammte nicht von ungefähr aus der ionischen Stadt Halikarnassos an der Südwestküste Kleinasiens. In diesem Klima entstand die Periplous-Literatur, die zunächst der Küstenschifffahrt diente, bald aber auch Beschreibungen enthielt, die über das rein Praktische hinausgingen: Beschreibungen vom Brauchtum fremder Völker und der Beschaffenheit einzelner Länder. Anaximander arbeitete genauso an einer Erdkarte wie Hekataios von Milet, der sich einem *gēs períodos*, buchstäblich einem «Weg um die Erde herum», also einer Erdkarte, sowie einer *periḗgēsis*, dem «Herumführen» und damit einhergehenden Vorzeigen und Erklären, widmete. Es ging darum, die Phänomene der Welt zu ordnen, zu systematisieren, zu schematisieren – und zwar nicht nur im Raum, sondern auch in der Zeit.

So bemühte sich Hekataios wie in anderer Weise Hesiod, zusammenhanglose Erzählungen der Griechen in ein chronologisches System einzufügen. Die Zeit der Menschen, ihrer heroischen Vorfahren und der Göttergeschlechter wurde über Generationenrechnung erfasst. Man begann darüber hinaus, Mythen auf ihren Wahrheitsgehalt hin abzuklopfen. Mythenkritik dergestalt, dass man bezweifelte, ein Heros wie Aigyptos könne 50 Söhne gehabt haben, höchstens 20 seien denkbar (Hekataios FGrH 1 F 19 = BNJ 1 F 19), bereitete auch den Weg für das Entstehen historischer Kritik. Maßstab war die Vernunft des denkenden Individuums. So äußerte Hekataios: «Dies schreibe ich so, wie es mir wahr zu sein scheint. Die Geschichten (*lógoi*) der Griechen nämlich sind zahlreich und meiner Meinung nach lächerlich» (Hekataios FGrH 1 F 1 = BNJ 1 F 1 a). Historiographie im engeren Sinne betrieb er allerdings noch nicht, weil weiterhin Mythen und Götterlegenden Gegenstand seiner Betrachtungen waren. Den qualitativen Sprung, den Menschen und seine Handlungen ins Zentrum zu rücken, sollte Herodot in der Mitte des 5. Jahrhunderts v. Chr. vollziehen. In der Vorrede zu seinem Geschichtswerk verdichtet sich das Erbe seiner ionischen Vorgänger:

> *«Herodot von Halikarnass gibt hier eine Darlegung seiner Forschungen* (historíēs apódexis), *damit durch die (fortschreitende) Zeit nicht in Vergessenheit gerate, was durch Menschen einst geschehen ist; auch soll der Ruhm großer und wunderbarer Taten, die sowohl die Griechen als auch die Barbaren getan haben, nicht vergehen; besonders aber soll man die Ursachen wissen, weshalb sie gegeneinander Krieg führten»* (Übers. H.-G. Nesselrath).

Historíē bedeutet Erkundung sowohl mit dem Verstand als auch handfest als Periegese, als Er-Fahrung unbekannter Gegenden.

Große Kolonisation: Traditionell versteht man unter der Großen Kolonisation die scheinbar gut geplanten Migrationsbewegungen in der Zeit vom 8. bis 6. Jahrhundert v. Chr., die man von den diffusen Wanderungsbewegungen nach dem Kollaps der mykenischen Paläste absetzt. Diese Unterscheidung ist insofern fraglich geworden, als man zwar ab dem 8. Jahrhundert v. Chr. im Gegensatz zu den durch Introspektion und Isolation gekennzeichneten Dark Ages eine Steigerung transmariner Aktivitäten ausmachen kann, aber die Kommunikation mit der Außenwelt nie aufhörte. Auch antike Autoren wie Thukydides in seiner ‹Archäologie› (Thuk. 1,12,1–4) zogen diesbezüglich keine Trennlinie. Zu allen Zeiten haben sich Menschen im Mittelmeerraum bewegt. Die Migrationsbewegungen der archaischen Zeit darf man keinesfalls als durchweg geplante Kolonisationsunternehmungen missverstehen. Migration konnte viele Ursachen haben und sich mannigfaltig gestalten. Insofern tendiert die Forschung inzwischen dazu, weniger Modelle aufzustellen, als auf regionale Unterschiede zu blicken.

Wer verlässt gern seine Heimat? Der Begriff *nostalgia* (von gr. *nóstos*, «Heimkehr», und *álgos*, «Schmerz») wurde zwar erst im 17. Jahrhundert von einem Arzt geprägt, um den depressiven Zustand von Söldnern zu beschreiben, die ihrer Heimat zu lange ferngeblieben waren. Aber das Konzept ist sehr wohl in der archaischen Zeit auszumachen; Homers *Odyssee* legt beredtes Zeugnis davon ab. Nur dann ist die Klassifizierung der Archaik als einer Welt in Bewegung kein Euphemismus, wenn man sowohl die Not der migrierenden Menschen als auch die Effekte der Migration auf neu besiedelte Länder und deren Bevölkerung sowie auf die Gegenden betrachtet, welche die Migranten verlassen hatten. Abenteuerlust und Entdeckergeist dürften nur bei einem sehr geringen Anteil das Motiv gewesen sein, sich auf eine unsichere Reise zu begeben. Auch die Erklärung, dass es um die Gewinnung neuer Handelsplätze und Märkte gegangen sei, entspringt vor allem einer Analogie zu imperialistischen Unternehmungen im 19. Jahrhundert n. Chr. unter dem Schlagwort *The flag followed the trade*. Dass ein Handelsstützpunkt (*empórion*) mit einer *apoikía*, einer Ansiedlung fernab des heimatlichen *oíkos*, zusammenhing, war durchaus möglich, kann jedoch nicht als Generalerklärung dafür dienen, dass schätzungsweise 1 bis 2% der Menschen im Ägäisraum zwischen 750 und 650 v. Chr. umsiedelten. Das Gros der Migranten dürfte aus Not in eine solche Rolle gedrängt worden sein. Obwohl Agrarkrisen die antike Welt kontinuierlich heimsuchten und obwohl man von einem sukzessiven demographischen Wachstum in der Archaik ausgeht, ist die Überbevölkerungsthese inzwischen genauso obsolet wie die Annahme, dass Landsuche in der Fremde das Hauptmotiv gewesen sei, ins Unbekannte vorzustoßen. Im Athen unter Solon jedenfalls wurde Kolonisation nicht als Lösungsstrategie für die Agrarkrise angesehen. In Aigina begegnete man ihr mit Piraterie und Beutezügen. Offenbar scheinen vor allem die notorischen Bürgerkriege (*stáseis*) dazu geführt zu haben, dass unterlegene Gruppen ihre Polis verließen.

Antike literarische Quellen beschreiben Koloniegründungen als wohlgeordnete Akte in mehreren klar definierten Schritten. Auf die Urszene einer solchen Neugründung stoßen wir in der Odyssee: Als *oikistḗs* der Phäaken legt Nausithoos die Stadt Scheria an, indem er den Siedlungsplatz mit einer Mauer umzieht, Häuser und Tempel errichtet sowie Äcker verteilt (Hom. Od. 6,7–10). Tatsächlich kommt dem Oikisten als Anführer eines Kolonistenzuges in den literarisch bezeugten Kolonisationsgeschichten herausragende Bedeutung zu. Er war militärischer Anführer und Organisator der Kolonie, in der er die religiöse, gesellschaftliche und politische Ordnung etablierte. Inwiefern man Oikisten an ihrem Grab im Zentrum der neuen Siedlung verehrte, wie es das Grab für Battos in Kyrene nahelegen mag, ist aufgrund des archäologischen Befunds insgesamt zweifelhaft. Sei dem, wie es sei, die Fixierung auf eine Gründungsgestalt in den Gründungsmythen spricht für das antike Bedürfnis, alle wesentlichen Elemente politisch-sozialer Ordnung in den Anfang eines Gemeinwesens zu legen. Gründungsheroen boten darüber hinaus aktuell herrschenden Familien die Möglichkeit, ihre Vorrangstellung durch die Anbindung an einen Gründungsheros zu legitimieren.

Anfangs stand womöglich weniger der Oikist als ein Gott im Zentrum des Interesses: Apollon Delphinios, der Pfadfinder über das Meer, oder Apollon Archegetes, der Anführer der neuen Siedlung. Bevor man zur Erschließung von Neuland aufbrach, konsultierte man das Orakel des Apollon von Delphi, um das Vorhaben absegnen zu lassen. Nach einer geglückten Unternehmung überragten Apollon-Tempel die entstehenden Ansiedlungen, die sich im Gegensatz zu den gewachsenen Gemeinden im Mutterland durch einen hohen Grad an planerischem Gestalten auszeichneten. Exemplarisch wird dies am orthogonalen Straßennetz von Megara Hyblaia auf Sizilien ersichtlich. Da die Anlage von neuen Siedlungen dazu zwang, über die Struktur von Poleis nachzudenken, brachten diesbezügliche Erfahrungen auch einen Innovationsschub im Mutterland mit sich. Denn über Kommunikationsbörsen wie Delphi und Olympia profitierten die Auswanderer nicht nur selbst vom Erfahrungsschatz der dortigen Priesterschaft und der periodisch vor Ort versammelten griechischen Oberschicht aus allen Regionen des Mittelmeerraums, sondern speisten selbst Informationen in diesen Thinktank ein.

Wie sich die Kontakte mit Indigenen gestalteten, ist schwer nachzuzeichnen. Herodot und Thukydides betonen die Gewaltsamkeit der Vorgänge: Teile der Vorbevölkerung seien vom Territorium vertrieben, andere in rechtliche und ökonomische Abhängigkeit getrieben worden (Hdt. 4,159,4; Thuk. 6,3,1–6,5,3). Insgesamt ist in solchen Zusammenhängen mit einer Vielzahl an Möglichkeiten zu rechnen. Es wäre euphemistisch und falsch, ausschließlich von einer Hellenisierung des mediterranen Raums zu sprechen, weil kulturelle Beeinflussung auch von den bereits ansässigen Menschen ausging. Zur Akkulturation gehörte, dass Ehen zwischen Kolonisten und Ansässigen geschlossen wurden, wie es die für Massilia, das heutige Marseille, überlieferte antike Pokahontas-Geschichte andeutet (Iust. 43,3,5–13). Lassen hybride Formen von Keramikstilen auf hybride Identität schließen? Im Einzelnen sind diese Prozesse auch archäologisch schwer nachzuzeichnen, weil die Gleichsetzung von *pots and people* hypothetische Zirkelschlüsse erzeugt: Fände man in 2700 Jahren eine Coca-Cola-Flasche unter den Trümmern unserer Zivilisation, hieße dies noch nicht, dass ein Amerikaner sie hinterlassen hätte.

Knotenpunkte mediterranen Verkehrs wie Chalkis und Eretria auf Euboia oder Korinth stachen als Ausgangsorte von Kolonistenbewegungen hervor. Obwohl sich Kolonistenzüge zumeist aus Bürgern verschiedener Poleis zusammensetzten, kopierten die Siedler Institutionen ihrer Mutterstadt (*mētrópolis*) und blieben Bande der Siedler zu ihr bestehen. Dies offenbarte sich oftmals in der Tradierung von Dialekten, Kulten und Kalendern, in Alphabetvarianten, Magistraturen und Unterabteilungen der Bürgerschaft. Darüber hinaus waren politische Koalitionen vorprogrammiert. So stand das mächtige Syrakus noch im Peloponnesischen Krieg hinter seiner Mutterstadt Korinth, die in Sizilien über die von Syrakus aus gegründeten Siedlungen auf ein breites Netz an Verbündeten bauen konnte.

Migration bestärkte die Erfahrung von Anderssein und festigte, weil man wie Frösche um die großen Teiche des Mittel- und Schwarzmeers hockte (vgl. Plat. Phaid. 109 b), Identität. Über die sogenannte Große Kolonisation wuchs panhellenisches Bewusstsein, weil Neuansiedlungen Fragen aufwarfen, wie man eine Gemeinde gestalten wolle und was eine Polis sei. Panhellenisches Bewusstsein wuchs, weil man sich über Delphi und Olympia an Zentren der hellenischen Welt anband. So hat Ulrich Sinn die dort veranstalteten Spiele als «Heimattreffen der Auslandgriechen» charakterisiert. In Syrakus erklärte man das Süßwasservorkommen der Quelle Arethousa auf der Halbinsel Ortygia damit, dass der Olympia durchfließende Fluss Alpheios seinen Weg durch das Meer bis nach Sizilien gefunden habe (Timaios BNJ [Brill's New Jacobi] 566 41 b = Polyb. 12.4d.5–7; Timaios BNJ 566c = Strabo 6,2,4 [C270–C271]). Auf diese Weise wurde eine Lebensader der Stadt in der *Magna Graecia* mit einem Epizentrum der hellenischen Welt verbunden. Neben solche Introspektion trat die Frage nach den Rändern und Grenzen des eigenen Kulturraums, der Herodot in seinem Opus sowohl beobachtend-ethnologisch als auch vorsichtig wertend nachging, indem er mit dem Barbarenbegriff eine Diskurskategorie akzentuierte, die griechisches Selbstverständnis über die Abgrenzung nach außen festigte.

3.3. Dialekte und Regionen: Ethnogenese im griechischen Raum

Die variantenreich überlieferte Sage von der Rückkehr der Herakliden auf die Peloponnes erzählt davon, wie die Nachkommen des Herakles zusammen mit Dorern die Peloponnes erobert hätten, im Falle der Herakliden besser gesagt: rückerobert hätten, weil Herakles dort zuvor ansässig gewesen sein soll und seine Nachkommen folglich altangestammte Rechte zurückforderten. Anschließend habe man sich die Herrschaft auf der Peloponnes aufgeteilt. Während ein Heraklide die Argolis erhalten habe, habe man anderen Lakonien bzw. Messenien zugesprochen.

Lange Zeit hat man das historische Substrat dieser Legende in den Dark Ages verortet und als Ausdruck für die Bevölkerungsverschiebungen gedeutet, die das Ende der mykenischen Palastzeit besiegelten. So soll der Stamm der Dorer aus dem Norden in die Peloponnes eingewandert sein, sich dort verstreut und die aus den Epen bekannten Herrscherfamilien abgelöst haben. In der jüngeren Forschung hat man diese Deutung mit konstruktivistischen Argumenten vehement angezweifelt: Die Erzählung habe in späterer Zeit dazu gedient, Herrschaftsverhältnisse durch den Verweis auf eine gemeinsame Herkunft der Peloponnesier zu rechtfertigen. Der Gegensatz zwischen Dorern und Ioniern sei im 5. Jahrhundert v. Chr. als Ausdruck des spartanisch-athenischen Dualismus mythisch untermauert worden.

Obwohl Letzteres zutrifft, ist dies noch nicht die ganze Wahrheit. Denn vom Dichter Tyrtaios (F 2,12–15 West) liegt uns ein Zeugnis vor, das die Existenz der Legende für das 7. Jahrhundert v. Chr. belegt. Zwar überzeugt die Interpretation, dass man in einer Zeit, in der Sparta seine Vorherrschaft über Messenien etablierte, über einen solchen Mythos Herrschaftsansprüche auf der Peloponnes legitimiert und eine gemeinsame Identität unterschiedlicher peloponnesischer Gemeinden proklamiert habe. Aber diese instrumentalistische Interpretation erklärt weder, warum es den dorischen Dialekt gab, noch, warum die Bevölkerung im gesamten dorischen Siedlungsgebiet in die drei *Phylen* Hylleis, Dymanes und Pamphyloi unterteilt wurde, warum man gleiche Monatsnamen hatte und gleiche Feste feierte.

Archäologisch ist eine dorische Wanderung nicht fassbar. Im Ergebnis unterteilt sich die Landkarte griechischer Siedlungen jedoch deutlich in die vier großen Dialektgruppen erstens des Attisch-Ionischen auf Attika, Euboia, den Kykladen und an der zentralen Küste von Kleinasien, zweitens des Dorisch-Westgriechischen in Nordwest- und Zentralgriechenland, weiten Teilen der Peloponnes, der südägäischen Inseln und des südwestlichen Kleinasiens, drittens des Aiolischen in Thessalien, Boiotien, auf Lesbos und im nordwestlichen Kleinasien sowie viertens des Arkado-Kyprischen in Arkadien und auf Zypern. Stützt diese Verteilung der Dialekte die literarische Tradition? Ältere Positionen verfochten ein evolutionäres Modell von Dialektentwicklung aus einer Sprachgemeinschaft heraus, die sich im Zuge der Wanderungsbewegungen zu regionalen Untergruppen ausdifferenziert habe. Dagegen unterstreichen neuere Forschungen die Durchlässigkeit von Sprachgruppen, die sich nicht als ausschließliches Erbe von Migrationsbewegungen erklären lassen, sondern ihre Charakteristika im Austausch und unter gegenseitiger Beeinflussung mit Nachbargruppen ausbilden. Dafür ist Sesshaftigkeit eine Voraussetzung und folglich weniger eine vermeintliche Ursprache das entscheidende Moment als Siedlungskammern, welche die Entstehung von Dialekten begünstigen. Dann wäre die Verteilung der griechischen Dialekte weniger eine Folge von Einwanderungswellen als eine Folge von längere Zeiträume überspannenden, kontinuierlichen Kontakten. Dass es die Griechen seit dem 7. Jahrhundert v. Chr. hilfreich fanden, ihre Vergangenheit im Modus von Wanderungen zu beschreiben, hatte fraglos seinen Sitz im Leben sowohl der Dark Ages als auch der archaischen Zeit.

Ähnliches lässt sich an der Herausbildung regionaler *Ethne* beobachten. Am Anfang steht ein Name, über den die Formierung eines Ethnos sichtbar wird. Boioter sind bereits in den homerischen Epen präsent. Der namengebende Gründungsheros Boiotos dagegen nahm erst im Verlauf des 6. Jahrhunderts v. Chr. Gestalt an. Schon dies zeigt, dass Ethnogenese ein dynamischer, andauernder, zu keinem Zeitpunkt endgültig abgeschlossener Prozess ist, zu dem sowohl introspektive als auch Zuschreibungen von außen beitragen. Die Abgrenzung vom insbesondere in Athen gepflegten Vorurteil, die Boioter seien Schweine (Pind. O. 6,89–90; Dithyr. F 83 Maehler), mag die Bevölkerung der Binnenregion zusätzlich zu den Legenden zusammengeschweißt haben, welche die Boioter selbst ausprägten und an zentralen Versammlungsorten wie dem Heiligtum von

Onchestos oder dem Heiligtum der Athena Itonia pflegten. Dazu gehörte der Verweis auf das mythische Arne als ursprüngliches Gebiet, aus dem man einst in ein Land, das von Ethne wie Minyern und den Kadmeiern bewohnt war, eingewandert sei (Thuk. 1,12,3). Dialektformen und Kulte wie derjenige der Athena Itonia verweisen in der Tat auf Thessalien. Aber wir greifen die Boioter erst als Gruppe, die in historischer Zeit die nördlich von Attika gelegene Landschaft Boiotien besiedelte. Auch wenn man Geschichten vom Auszug und von der Wiederkehr der Boioter erzählte, um den Erstanspruch dieses Ethnos vor anderen Bevölkerungsgruppen wie den Kadmeiern zu untermauern, auf die sich Theben als mächtigste Stadt der Region zurückführte, veranschaulichen gerade diese komplexen Geschichten von Bevölkerungsverschiebungen, wie sehr die archaische Welt in Bewegung war. Zu Boiotern wurden die Boioter in der zentralgriechischen Siedlungskammer um den Kopaissee, wobei der Mythos von der Einwanderung wesentlich zu ihrem Selbstverständnis beitrug. Insofern hatten sie zwei Vaterländer: das mythische Arne und die Binnenregion, die schließlich Boiotien genannt wurde.

Migrationserfahrungen waren so essentiell, dass sie genauso in die Gründungsmythen großer Zentren eingeschrieben wurden wie der Anspruch, erstansässig, *autóchthōn*, zu sein. Entsprechend verwies Theben sowohl auf seinen Gründer Kadmos, der aus Phoinikien über Delphi an die Stelle der zukünftigen Stadt gelangt sein soll, wie auf die Gründerzwillinge Amphion und Zethos als Abkömmlinge des nahen Flusses Asopos. Rom schließlich deklarierte sich über Aeneas als Erbe der Helden vor Troja und berief sich zugleich mit Romulus und Remus auf lokal gezeugte und gesäugte Stadtgründer.

3.4. Delphi und Olympia: Überregionale Heiligtümer als panhellenische Kommunikationsorte

In Delphi stand der *omphalós*, ein Stein, der den Nabel der Welt markierte. Zeus soll zwei Adler mit gleich großen Schwingen vom westlichen und vom östlichen Ende der Welt losgeschickt haben; sie trafen sich über Delphi, kolportierte man. Dabei lag das Heiligtum in den phokischen Bergen, fernab großer Poleis. Und doch wurde es periodisch zur Wettkampfstätte, in der sich alles maß, was in der griechischen Welt Rang und Namen hatte. Der *agṓn* zwischen Aristokraten und zwischen verschiedenen Poleis transzendierte die großen athletischen und musischen Spiele bei weitem, ja gerann in Delphi und Olympia zu materieller Permanenz. Denn über Schatzhäuser und Weihgaben präsentierte man an dem Ort, an dem es jeder sah, wer man war und was man sein wollte. Insofern war Delphi genauso wie Olympia zentral für griechisches Selbstverständnis, gerade weil sich die Areale dieser Heiligtümer außerhalb des direkten Einflussbereichs großer Poleis befanden. Nur so konnte deren Neutralität zumindest bis zu einem gewissen Grad gewährleistet werden. Die Doppelrolle Olympias als Lokalheiligtum für Elis und als überregionales Heiligtum war prekär genug. Immer wieder versuchten außerdem einzelne mächtige Mitglieder, in der Delphischen *Amphiktyonie* als dem Gremium der Anrainer, welches das Heiligtum kontrollierte, Hegemonie zu erringen. Wenn Herolde die *ekecheiría*, den Waffenstillstand, ausriefen, der jedermann die sichere Anreise zu den Wettkampfstätten und Frieden bei deren Durchführung gewährleisten sollte, dann und nicht nur dann richtete man sich an den überregionalen Heiligtümern aus. Mit den Olympiaden als vierjährigem Wettkampfturnus strukturierte das Heiligtum von Olympia das Leben der Menschen grundsätzlich, indem es für eine verbreitete Art und Weise der Zeitrechnung einstand.

Delphi und Olympia waren bei weitem nicht die einzigen Heiligtümer von überregionaler Bedeutung. Ihr Kreis beschränkte sich genauso wenig auf die vier großen panhellenischen Wettkampfstätten Olympia, Delphi, Nemea und Korinth mit den Isthmischen Spielen. So zog das Lykaion in Arkadien bereits im späten 7. Jahrhundert v. Chr. Wettkämpfer aus Argos, Korinth, Opous und sogar Rhodos an. Ein stetiger Anstieg an Agonen ist bis in die hellenistische Zeit zu verzeichnen. Sie machen zweifellos ein Charakteristikum griechischer Kultur aus, und zwar sowohl im Hinblick auf aristokratisch geprägtes

Wettbewerbsethos als auch im Hinblick auf Heiligtümer als panhellenische Kommunikationsorte, die maßgeblich zur Entwicklung einer Welt aus über 1000 Poleis im gesamten Mittelmeerraum beitrugen.

Der literarischen Überlieferung zufolge sollen die Spiele in Olympia im Jahre 776 v. Chr. in eine panhellenische Einrichtung transformiert worden sein. Dies markierte im hellenischen Bewusstsein als Jahr Null der Olympiadenzählung den Beginn einer neuen Ära. Über den archäologischen Befund kann man in lokalen Heiligtümern ab dem 8. und 7. Jahrhundert v. Chr. vermehrte Bautätigkeit nachweisen, in überregionalen erst für das späte 7. und frühe 6. Jahrhundert. Mit seinen Terrakotta- und Bronzefiguren einfacher Basistypen von Pferden und Ochsen, die vor Ort durch Wanderhandwerker gefertigt wurden, hatte das Olympia der Eisenzeit primär das Gesicht eines ländlichen Kultschreins für bäuerliche Feierlichkeiten. Bald kamen monumentale, bis zu drei Meter hohe Bronzedreifüße hinzu, die schon aufgrund der Metallarmut in Griechenland sehr wertvoll waren. Mit diesen Prestigeobjekten wetteiferten Aristokraten aus Messenien und Arkadien in Statusdemonstration sowohl innerhalb lokaler Gemeinschaften als auch vor regionaler Kulisse. Die eigentliche Transformationsphase zum überregionalen Heiligtum fand im 8. Jahrhundert v. Chr. statt, in dem sich Votivgaben quantitativ und im Hinblick auf ihre Herkunftsgebiete ausdehnten. Je größer das Einzugsgebiet der Teilnehmer wurde, desto attraktiver gestaltete sich eine Profilierung in Olympia. Während Olympia anfangs Schauplatz für den Agon zwischen einzelnen Aristokraten als Repräsentanten einflussreicher Geschlechter war, stiegen diese Aristokraten im Laufe der Zeit mehr und mehr im Namen ihrer Herkunftspoleis in den Ring bzw. ließen die besonders prestigereichen Pferdegespanne in ihrem Namen antreten. Insofern ist Olympia auch ein Zeugnis dafür, wie die griechischen *áristoi* in ihre Polisgemeinschaften hineinwuchsen.

Immer wieder wurde diskutiert, ob *Aristokratie* der rechte Begriff sei, um die Elite griechischer Welten in der Archaik zu charakterisieren. Sicher darf man sich unter ihr keine geschlossene Gruppe von Herrschaftsträgern vorstellen, wie sie den Verfassungsschemata des 4. Jahrhunderts v. Chr. zugrunde liegt. Vielmehr handelt es sich um Individuen mit sozialen, ökonomischen und moralischen Überlegenheitsmerkmalen. Deshalb erscheint es einigen passender, Konzepte aus Anthropologie und Ethnologie auf die frühe Griechische Geschichte anzuwenden. Von *Big Men* und *Chiefs* könnte man reden. In der Tat entsprechen die *basileís*, wie sie bei Hesiod aufscheinen, eher lokalen Clan-Chefs als ‹Königen›. Aber die Bezeichnung ‹Aristokrat› ist insofern zutreffend, als sie einen, wenn nicht den entscheidenden Ausdruck der Selbstbeschreibung dieser Gruppe enthält. Man sprach nicht nur von *pácheis* (Dicken), *geōmóroi* (Landeigentümern), *kaloikagathoí* (Schönen und Guten) oder *hippobótai* (Rosseernährern), sondern vor allem von *agathoí* (Guten), *esthloí* (Edlen) oder eben *áristoi* (Besten). Die Bezeichnung *áristos* enthält den Kern des schichteigenen Selbstverständnisses: Man strebte danach, «immer Bester zu sein und überlegen zu sein den anderen» (Hom. Il. 6,208). Im Gegensatz zur römischen Nobilität, die sich vornehmlich über politisch-militärische Erfolge definierte, konkurrierten griechische Aristokraten in eigentlich allen Lebensbereichen. Die übermannsgroßen *koúroi*, wörtlich ‹Jungmänner›, die man als meterhohe vollplastische Steinstatuen in vielen Heiligtümern aufstellte, veranschaulichen das Schönheitsideal der Zeit: ein athletischer Körper schmückte sich mit aufwändig frisiertem langem Haar. Hinzu kamen teure Kleider und Schmuck. Reich musste man sein, Pferde unterhalten, Stiftungen vornehmen und öffentliche Bauwerke finanzieren. Im Stadion musste man genauso brillieren wie auf dem Schlachtfeld, vor Volks- und Ratsversammlungen genauso Redekunst und Überzeugungskraft beweisen wie in der weiteren aristokratischen Öffentlichkeit bei Festen und Kulten oder beim Symposion. Da wartete man zumindest idealiter mit kostbarer Keramik auf, wie es schon der Nestorbecher vor Augen führt. Im Laufe der Zeit gewann der Wettbewerb um politische Ämter zwar größere Bedeutung, aber aristokratische Distinktionsmerkmale gingen nie vollständig darin auf.

Das Orakel von Delphi: «Wenn du gegen die Perser ziehst,

wirst du ein großes Reich zerstören» (Hdt. 1,53,3), hörte der Lyderkönig Kroisos vom delphischen Orakel und wähnte sich glücklich, weil er meinte, dass ihm ein großer Sieg bevorstehe. Aber er saß einer Fehlinterpretation des Orakelspruches auf, erlag seinem Wunschdenken. Das Reich, das zerstört werden sollte, war sein eigenes. Vielen ist es ergangen wie ihm. Menschen wandten sich an die im Tempel Apollons sitzende Pythia, um sich Rat in existentiell bedeutsamen Fragen zu holen. Die oftmals verrätselten Antworten, die man erhielt, forderten den Fragenden, weil sie nur entschlüsselt werden konnten, wenn man eigene Denkweisen hinter sich ließ. Insofern führte die Divergenz zwischen göttlichem und menschlichem Wissen zu Missverständnissen, die menschlicher Unfähigkeit geschuldet waren, den eigenen Erwartungshorizont zu transzendieren. Das Orakel dagegen hatte immer Recht – so kann man die zahlreichen Konsultationsepisoden in Herodots Werk lesen.

Wie mag ein aufgeklärter Mensch des 21. Jahrhunderts n. Chr. die Vorgänge an diesem über 1000 Jahre so bedeutsamen Orakelort erklären? Viel ist spekuliert worden, inwiefern die Pythia durch Dämpfe aus einer Erdspalte oder halluzinogene Mittel in Trance versetzt wurde, um als Medium des Gottes Apollon ihre Spruchweisheiten von sich zu geben oder eher: herauszulallen. Höchstwahrscheinlich spielten die Priester des Heiligtums die entscheidende Rolle dabei, die Aussagen aus dem Munde dieses einfachen Mädchens aus dem Umland in verständliche Sätze oder gar Hexameter zu gießen. Heiligtümer waren Kontaktbörsen, wo sich Pilger, Athleten und Ratsuchende längere Zeit aufhielten und untereinander sowie mit der Priesterschaft ins Gespräch kamen. Insofern partizipierte man bei seinem Aufenthalt in einem überregionalen Heiligtum an dem Erfahrungsschatz, der sich dort durch die Besuche von Menschen aus dem nahen und fernen Umfeld gebündelt hatte. Wer eine Kolonie gründen wollte, kam mit einem verbreiteten Anliegen nach Delphi, mit dem man dort durchgehend zu tun hatte. Die Priester fungierten folglich sowohl als Sprachgeber der Pythia als auch als Vermittler des vor Ort akkumulierten Wissensschatzes zu den großen Fragen der Zeit.

Gesuche an die Pythia reichten von familiären Nöten wie der Frage, wer die eigenen Eltern seien oder wie man Eltern werden könne, bis zu Fragen, wo man siedeln und was man tun solle. Auch Lykurg als legendärer spartanischer Staatsgründer soll in Delphi vorgesprochen haben, bevor er seine *Große Rhetra* als ‹Verfassung› für Sparta einsetzte (Xen. Lak. pol. 8,5; Plut. Lykurgos 29,3–4). Oft handelte es sich um Entscheidungsfragen, die auf ein Ja oder ein Nein zielten. Von der Qualität der Fragestellung hing es ab, wie ertragreich die Konsultation des Orakels für den Einzelnen verlief. Das Orakel von Delphi war kein Entscheidungsorakel, das den Fragestellenden Entscheidungen abgenommen hätte, sondern ein Sanktionsorakel. Insofern war der Prozess, der die Konsultation vorbereitete, der eigentlich entscheidende. Wenn es um Koloniegründungen ging, beriet man sich zunächst in der Heimatpolis und schickte einen Vertreter mit dem Konvolut an offenen Fragen ins Heiligtum. Dort unterhielt man sich mit anderen Pilgern und Priestern, bis man irgendwann zur Konsultation vorgelassen wurde. Die Frage, die man dann stellte, war bereits ein Großteil der Antwort, die man sich erhoffte.

Auf Polis-Ebene verkoppelte das Orakel die Autorität der Elite mit der Autorität Apollons, verhalf zur Konsensetablierung in unruhigen Zeiten und legitimierte damit sozialpolitischen Wandel. Die überregionalen Heiligtümer waren Brennpunkte der Adelskultur und Spiegel, Stimulus sowie Kontext der entstehenden Poliskultur. Als Austragungsort innergemeinschaftlicher Rivalitäten spiegeln sie Prozesse zunehmender Integration individuellen Auftretens in institutionalisiertem Rahmen. An der Bautätigkeit in den überregionalen Heiligtümern als Symbol dafür, wofür eine Polis stand, lässt sich außerdem ablesen, wie polisbezogene Identitätsbildung und die damit einhergehende Herausbildung politischen Bewusstseins vonstattenging. Als überregionale Kontaktbörse und Fundgrube akkumulierten Wissens stimulierten und beschleunigten die Heiligtümer Prozesse der Entscheidungsfindung. Als Rats- und Sanktionsorgan ermutigten sie zur Konfliktlösung. Aufgrund ihrer weitgehenden Unabhängigkeit von einzelnen Machtblöcken etablierten sich die überregionalen Heiligtümer als Foren, um sich sowohl in der Herkunftspolis als auch vor den Augen der hellenischen Welt zu profilieren. Der Aufschwung der überregionalen Heiligtümer war unmittelbar mit der Entstehung der Polis sowie panhellenischer Identität verquickt. Insofern kann man deren Bedeutung für die Griechische Geschichte kaum überschätzen.

3.5. Institutionalisierung und Gemeinschaft: Vom Werden der Polis

Die in der Odyssee omnipräsente Frage: «Wer bist du? Woher kommst du? Wo ist die Polis deiner Eltern?» (vgl. Hom. Od. 1,170; 8,555; 10,325; 14,187; 15,264; 19,105; 24,298) legt nahe, dass die Polis wesentlich für das Selbstverständnis der Menschen war. Aber dürfen wir davon ausgehen, dass sie ein spezifisches Element griechischer Kultur ausmachte? In jüngerer Zeit hat man diese lange verbreitete Überzeugung mit dem Argument angezweifelt, dass *p(t)ólis* zunächst einen befestigten Siedlungsplatz bezeichne, den es auch in vorderorientalischen Kulturen gegeben habe. An diesem Argument hängt die politisch motivierte Überzeugung, Eurozentrismus zu überwinden und mit ungerechtfertigten Vorstellungen von der Polis als Wiege der *Demokratie* und damit zugleich als Wiege der abendländischen Kultur aufzuräumen. Fraglos wurzelt ein Teil der frühgriechischen Kultur in den antiken Kulturen des Nahen Ostens, wie es die Debatten um *The East Face of Helicon* gezeigt haben. Aber das bedeutet noch nicht, dass man jegliche Kulturspezifik leugnen sollte. Regional und chronologisch stratifiziert deutete sich ab dem 8. Jahrhundert v. Chr. an, was die neuen Siedlungen fundamental von Städten des Nahen Ostens oder Zentralorten der mykenischen Bronzezeit unterschied: In ihrer Mitte lagen weder Palast noch Tempel, sondern befand sich ein freier Raum, um den herum sich Tempel sowie das größte Haus der Siedlung als Sitz der Mächtigsten gruppierten und der als Versammlungsplatz für die Bürgerschaft reserviert war.

Die berühmte Definition des Aristoteles vom Menschen als *politikón zôon*, als politischem bzw. *pólis*-orientiertem Lebewesen (Aristot. pol. 1253 α), betont die Bedeutung politischer Mitsprache insbesondere der Männer mit Bürgerrecht. Dies drückt sich u. a. darin aus, dass die Griechen ihre Städte über das Kollektiv ihrer Einwohner bezeichneten, also von *hoi Athēnaíoi*, ‹den Athenern›, sprachen, nicht dagegen von ‹Athen›. So bedeutsam dieser Aspekt ist, sollte man die Polis allerdings nicht darauf reduzieren. Denn sie war nicht nur ein Personenverband, der sich über *Phylen* und *Phratrien* als Untereinheiten formierte, welche sich oft als Abstammungsgemeinschaften verstanden, sondern auch ein spezifisch gestalteter Raum. Und sie hatte nicht allein eine politische, sondern auch eine religiöse Dimension.

Der kaiserzeitliche Perieget Pausanias, der eine rückblickende Gesamtschau auf die zentralgriechische Kulturlandschaft vornahm, fragte sich im Falle der phokischen Siedlung Panopeis, ob es sich dabei überhaupt um eine Polis handele, da sie «weder Amtsgebäude noch ein Gymnasion, noch ein Theater, noch eine *agorá* besitzt, nicht einmal Wasser, das in einen Brunnen fließt, sondern wo man in Behausungen etwa wie den Hütten in den Bergen an einer Schlucht wohnt» (Paus. 10,4,1). Zur Polis gehörten folglich neben der Agora genauso das Gymnasion als Ausbildungsstätte für die *Epheben*, die nachwachsenden Bürger, wie ein Theater als schließlich auch ein Brunnenhaus, das vor allem Frauen als Begegnungsstätte diente. Das Gebiet einer Polis strukturierte sich über einen Stadtkern (*ásty*) mit Agora, Tempeln und offiziellen Gebäuden, der oftmals von einer Mauer abgegrenzt wurde und eine Oberstadt (*akrópolis*) aufweisen konnte. Jenseits der Mauern lag die suburbane Zone mit Friedhöfen vorzugsweise an den Ausfallstraßen, mit weiteren Kultstätten sowie, je nach Stadtentwicklungsphase, weiteren Stadtvierteln. Die suburbane Zone ging in die *chṓra*, das zur Polis gehörende Fruchtland, über, dessen Grenzen z. B. durch Gebirgszüge als Orte der unzivilisierten und wenig kontrollierbaren Wildnis, also als Land am äußersten Rand (*eschatía*), oder extraurbane Kultstätten definiert wurden.

In den 1980er Jahren machte die These von François de Polignac Furore, dass extraurbane Heiligtümer für die Entwicklung von Poleis mindestens so ausschlaggebend gewesen seien wie die Tempel im Stadtkern, weil sie über Prozessionswege Zentrum und Peripherie miteinander verbanden und damit erst das Bewusstsein geschärft hätten, welches Territorium eine Polis kontrollierte und wie sich die Bürgerschaft rituell über die Ausführung solcher Prozessionen konstituierte. Obwohl man von einer einseitigen Fixierung auf die extraurbanen Heiligtümer absehen sollte, trug die These wesentlich dazu bei, dass man vom monadischen Verständnis der Polis als Bürgerverband Abstand nahm. Die Polis war nicht nur ein Verbund von Bürgern, sondern auch ein Raum, in dem sich Bürgerschaft formierte und der durch die darin lebenden Menschen auf spezifische Weise gestaltet wurde.

Wie wichtig neben der politischen die institutionalisierte religiöse Partizipation war, unterstreicht das maßgeblich von Christiane Sourvinou-Inwood propagierte Konzept der *Civic Religion*. Dass diese Form der Teilhabe weit über die Kreise der männlichen Bürgerschaft hinausging, verdeutlichen Kulte wie derjenige der Artemis von Brauron, der für die Initiation von athenischen Mädchen wichtig war. Die integrative Bedeutung der Kulte zeigt sich auch daran, dass ein athenischer Tyrann u. a. deshalb ermordet wurde, weil er die Ehre einer athenischen Familie verletzt hatte, indem er deren Tochter die bereits zugesagte, prestigereiche Teilnahme als Korbträgerin an einem Opferzug untersagt hatte (Hdt. 6,56,1). Nicht zuletzt ist Tempelbau neben der Reservierung einer freien Fläche als *agorá* ein Indiz für eine sich herausbildende Polis, war er doch eine Aufgabe, die ein hohes Maß an Konsolidierung der Siedlungsgemeinschaft voraussetzte; schließlich erforderte diese kollektive Leistung sowohl umfangreiche Ressourcen als auch die Organisation komplexer Tätigkeiten. Das einem bestimmten Gott zugedachte Monument verkörperte in seiner Genese und als abgeschlossenes Bauwerk die Identität der Gemeinschaft. Wie untrennbar die politische und die religiöse Dimension antiker Gesellschaften miteinander verquickt waren, wird schließlich auch daran ersichtlich, dass die ersten griechischen Gesetzestafeln an Tempelwänden angebracht wurden. Am Rande der Agora gab man damit im Herzen des öffentlichen Raumes bekannt, was in Stein gemeißelt für alle sichtbar wurde und als von der Gemeinschaft verfasstes, auf Dauer gestelltes Recht für alle Bürger Geltung hatte.

Direkte Interaktion prägte diese kleinräumigen Poleis. In diesen *face-to-face societies* bildeten sich allmählich auch politische Institutionen heraus. Bereits die Schildbeschreibung in der homerischen *Ilias*, die idealtypisch eine Stadt im Krieg mit einer Stadt im Frieden kontrastiert (Hom. Il. 18,490–540), grenzt öffentlichen Raum vom *oíkos*, auf dessen Schwelle die Frauen stehen, ab und charakterisiert ihn als Raum, in dem sowohl Feste gefeiert werden als auch Recht gesprochen wird. Dies geschieht vor den Augen des auf der *agorá* versammelten Volkes in einem Kreis von Ältesten; Herolde rufen Versammlungen ein und sorgen für Ordnung. Bereits in diesem Zusammenhang deuten sich Institutionalisierungsprozesse im Sinne einer Entpersonalisierung und Objektivierung von Macht an. Durch eine abgegrenzte Tagungsstätte, Rede und Gegenrede in einer Debatte, durch den Spruch der Ältesten, der Streit auf dem Wege der Verhandlung über ein Wergeld statt mit Blutrache beilegen soll, ist das Verfahren der Rechtsprechung formalisiert. Letzteres fungierte in vielen Gemeinden als Motor der Institutionalisierung und damit der Herausbildung von Staatlichkeit. Wie später im athenischen Blutgesetz Drakons, das zum ersten Mal zwischen vorsätzlichem Mord und unbeabsichtigtem Totschlag unterschied (IG I[3] 104, um 621/0 v. Chr.), ging es darum, das Gemeinschaft zersetzende Prinzip von Selbsthilfe und Rache durch Konfliktgruppen integrierende Verfahrensvorschriften einzuhegen. Von den tonangebenden *basileís* der Epen zum *kósmos* im sogenannten Verfassungsgesetz des kretischen Dreros (Meiggs/Lewis 2; 650–600 v. Chr.) war es allerdings ein weiter Weg. Denn dieses kretische Oberamt war durch Iterationsbestimmungen, also das Verbot, ein Amt wiederholt innezuhaben, beschränkt. Darüber hinaus war Gesetzgebung auf Dreros keine rein mündliche Angelegenheit mehr wie in der homerischen Schildbeschreibung. Vielmehr wurde das Gesetz an der Wand des direkt an der Agora gelegenen Apollon-Tempels als steinerne Inschrift für alle bindend veröffentlicht.

Überall in der griechischen Welt bildeten sich in der archaischen Zeit Magistraturen, Ratsgremien und Volksversammlungen heraus. Die Führungsfunktion der *Archonten* war von konkreten Personen unabhängig, weil es sich um Ämter mit festgelegten und zunehmend differenzierten Aufgabenbereichen handelte, deren Träger nach bestimmten Regeln neu bestellt wurden. Ähnliches gilt für die Ratsgremien, die nicht mehr automatisch aus den Ältesten bestanden, sondern geordnet zusammengesetzt wurden und vorberatende, kontrollierende und geschäftsführende Funktionen übernahmen wie der athenische Areopag und später die athenische *boulḗ* (Rat). Auch die Volksversammlungen traten nach bestimmten Regeln periodisch zusammen. «Dies hat die Polis beschlossen», steht auf unzähligen Inschriften der griechischen Welt. Gemeint ist die Volksversammlung. Sie konnte Gerichtshof sein und wurde zu dem Gremium, das in allen wichtigen Belangen des öffentlichen Lebens Mehrheitsentscheide fällte, welche die gesamte Bürgerschaft banden. Dort wurden die Amtsträger gewählt, deren Macht damit aus ihr hervorging. Auf diese Weise spielte sich der Wettkampf von Aristokraten um Macht und Einfluss vor einem neuen Plenum ab: der in der Volksversammlung zusammenkommenden Bürgerschaft, vor der man sich bewähren musste, wollte man Macht in Institutionen ausüben. Insofern waren Aristokraten gehalten, ihre Ambitionen als gemeinschaftsdienliche Aktivitäten zu propagieren, mochten sie persönlich gemeinschaftsbezogenen Verhaltensidealen anhängen oder nicht.

3.6. «Immer der Beste sein»: Bürgerkriege, Gesetzgeber und Tyrannen

Mit dem Schlüsselbegriff der «Wohlordnung» ist die berühmte *Eunomia*-Elegie überschrieben, die Solon um 600 v. Chr. in Athen verfasste (Solon F 3 Gentili-Prato² = F 4 West² = F 3 Diehl³ = Demosth. 19,255). Im Jahre 594/3 v. Chr. bekleidete er das Amt des Archonten. Als *nomothétēs* (Gesetzgeber) und *diallaktḗs* (Versöhner) wirkte er allerdings weit über sein Jahresamt hinaus. Seine Tätigkeit ordnet sich in das Auftreten manch anderer Nomotheten ein, da viele Poleis in dieser Zeit um innere Ordnung rangen, ja: ringen mussten, sollte die Gemeinschaft nicht im Bürgerkrieg zerbersten. In späterer Zeit wurde Solon als Gründungsvater der athenischen *Demokratie* gefeiert, was im engeren Sinne nicht zutrifft, weil er eine timokratische Ordnung festschrieb, die politische Teilhabe an den Zensus koppelte, und auch in seinen Gedichten ganz selbstverständlich vom Führungsanspruch der Elite ausging. Partizipation hing an der ökonomischen Potenz, sich zu bewaffnen und für die eigene Polis in der Phalanx zu kämpfen. Mit Demokratie hatte dieses System noch nichts zu tun, obwohl die soziopolitische Dominanz der Elite in ihrer Absolutheit gebrochen wurde, weil politische Rechte an politische Pflichten gekoppelt wurden. Solon legte jedoch die Grundlage für den Bürgerstaat, der maßgeblich auf einer freien, von der durch die Agrarkrise verursachten Schuldknechtschaft befreiten Bauernschaft aufbaute. Bereits der Begriff *eunomía* verdeutlicht, dass sich ein Bewusstsein für die Gestaltbarkeit politisch-sozialer Ordnung entwickelte. Als einer der Sieben Weisen reiht sich Solon in die Reihe der ionischen Naturphilosophen ein, die grundsätzlich über die Ordnung der Welt nachdachten. Zur Ordnung der Welt gehörte auch die Sphäre der Politik.

Für Wohlordnung kann und muss man etwas tun. Das ist die Grundaussage von Solons *Eunomia*-Elegie. Als Gebrauchspoesie verfasst, die sich unmittelbar an ein zeitgenössisches Publikum wandte und aus der Situation heraus komponiert wurde, in der sich der Dichtende als politisch Handelnder gerade befand, trug Solon dieses Schlüsselzeugnis für die Zustände der Zeit auf der athenischen Agora vor. Zeus und Athene würden ihre Hände schützend über die Stadt halten, beginnt das Gedicht. An den Göttern liege es nicht, dass die Situation in der Stadt eskaliere. Dieser Zustand sei menschengemacht, und deshalb müsse auch jeder Einzelne daran mitwirken, dass aus *dysnomía* (Unordnung) *eunomía* werde. Vor allem die Führer des Volkes seien aufgrund ihres übermäßigen Gewinnstrebens, das nicht einmal vor der Plünderung von Tempelbesitz und Gemeindegut haltmache, und ihres Wetteiferns um Vormacht im Kampf mit den *Hetairien* (Kampfbünden) der adligen Gegner verantwortlich für die Lage, in der *Díkē* (der personifizierten Göttin der Gerechtigkeit) kein Einfluss beschieden werde. Das Handeln von Individuen habe Auswirkungen auf die gesamte Polisgemeinschaft, aus der niemand ausscheren könne. Alle seien gleichermaßen betroffen. Insofern müsse die Haltung sich ändern, müsse sich der Fokus von der Hausmacht auf die Belange des Gemeinwesens verschieben. Zur Bürgerschaft wird die Gemeinde folglich durch die Ausbildung einer politischen Ethik.

Nur, wo innerer Zusammenhalt herrsche, sei man nach außen verteidigungsfähig in einer Welt, die immer wieder nicht nur von Bürgerkriegen (*stáseis*), sondern von Kriegen aller Art erschüttert wurde, führt Solon als Argument an. Insofern ist die *Eunomia*-Elegie ein Manifest griechischer Lebenswirklichkeit über Jahrhunderte hinweg. Sie bezeugt die Doppelgesichtigkeit der von uns bewunderten institutionellen und künstlerischen Errungenschaften dieser Kultur, die zu einem Großteil not- und kriegsgeboren waren.

Tyrannis: Das Wettbewerbsethos der Aristokraten, immer und überall der Beste zu sein, entlud sich in der Tyrannis, die sich im 6. Jahrhundert mit dem Geschlecht der Kypseliden in Korinth und der Peisistratiden in Athen, mit Kleisthenes von Sikyon und Polykrates von Samos als verbreitete Herrschaftsform etablierte. Dabei konnotiert die Bezeichnung ‹Tyrann› im Gegensatz zum heutigen Begriff keinen willkürverhafteten Gewaltherrscher, sondern einen ‹Herrn›, der seine aristokratischen Konkurrenten an Einfluss, Reichtum und Macht überbot und diese Vorrangstellung in eine permanente Position zu gießen verstanden hatte. ‹Tyrann› war zunächst ein Kampfbegriff der unterlegenen *áristoi*. Tyrannentopoi vom gewalttätigen, unberechenbaren, habgierigen, überheblichen und misstrauischen Mann kristallisierten sich erst in klassischer Zeit heraus, als man in Athen den Tyrannenmord zum Gründungsmythos der Demokratie stilisierte. Schließlich ordnete man die Tyrannis im 4. Jahrhundert v. Chr. in Verfassungsschemata ein, in denen sie ihren Platz als entgleiste Form der Monarchie erhielt.

Mit der Älteren Tyrannis im 6. Jahrhundert v. Chr. und der

Jüngeren, die im 5. und 4. Jahrhundert auf Sizilien und Zypern, in Thessalien und Kleinasien verbreitet war, hält die Forschung diesen Typologien eine Vielzahl von Erscheinungsformen der Tyrannis entgegen. Tyrannen der Archaik konnten zu den Sieben Weisen zählen oder geschätzte Schlichter sein; zu Tyrannen des 4. Jahrhunderts v. Chr. gehörte ein Schüler Platons, der ausgehend vom Hof in Syrakus sein Modell des Idealstaates entwickelte. Im 6. Jahrhundert v. Chr. errangen Tyrannen ihre Herrschaft in *stáseis* und setzten sich gegenüber ihren Standesgenossen durch. Ihre Herrschaft sicherten und stabilisierten sie, indem sie sich auf breitere Schichten stützten. Ihre Bautätigkeit, die sich im Ausbau der Infrastruktur sowie der Errichtung großer Tempel und öffentlicher Bauten äußerte, wurde bewundert. Tyrannen machten Städte zu Wohngebieten, an deren Glanz alle Bürger partizipierten. Als Kriegsherren brillierten sie. Auch in Praktiken der Selbstdarstellung kamen die unterlegenen Konkurrenten nicht an den Tyrannen heran. Aber sein Verhalten war Teil der auf Überbietungsstrategien angelegten Adelskultur der Zeit.

In Athen gewann Peisistratos 546 v. Chr. im dritten Anlauf seiner seit 561/0 v. Chr. andauernden Versuche Vorrang über seine Standesgenossen, die z. T. ins Exil gingen. Denn sie waren es, die seine Herrschaft gefährdeten, nicht dagegen der *dēmos*, das Volk. Indem Peisistratos diese seine Machtbasis abzusichern versuchte und die solonischen Institutionen unangetastet ließ, verhalf er paradoxerweise dem Saatkorn der Bürgerstaatlichkeit, das Solon zuvor gepflanzt hatte, zum Gedeihen. Ein Beispiel dafür ist die Einführung der Demenrichter, also von Richtern in den zahlreichen kleineren Gemeinden, mit denen Attika übersät war und die den Grundstock der Polis Athen ausmachten. Über die dreißig Demenrichter, die von Dorf zu Dorf zogen, um lokale Streitigkeiten zu schlichten, sollte der Einfluss anderer Aristokraten auf die Demenbevölkerung begrenzt werden, indem man sie aus ihrer altangestammten Rolle als Schlichter herausdrängte. Im Effekt bewirkte diese Maßnahme einen Institutionalisierungsschub, der mit der Zentralisierung auf die athenische *ásty* einherging.

Wie keiner vor ihm war Peisistratos Herr über die gesamte Polis. Er baute den Kult der Stadtgöttin Athene aus, die nun in einem prächtigen Tempel auf der *akrópolis* thronte. In großem Umfang prägte er Münzen, auf deren Vorderseite ihr Konterfei, auf deren Rückseite die Eule prangte, welche Athenes Weisheit verkörperte. Die Münzen präsentierten das Gemeinwesen symbolisch nach innen und nach außen. Zugleich bediente sich Peisistratos damit eines ganz neuen Mediums, das sich gerade erst im griechischen Raum verbreitete: der Münze als abstraktem Zahlungsmittel, das nach lydischem Vorbild seit 570 v. Chr. in Kleinasien und auf Aigina, wenig später auch in Korinth und Athen produziert wurde. Er förderte die Panathenäen, das große Athene-Fest im Frühjahr, genauso wie die Großen Dionysien und die Prozession zum Demeter-Heiligtum von Eleusis, wodurch ein wichtiges Heiligtum an der Peripherie Attikas in den Bannkreis der Polis Athen einbezogen wurde. Auch eine Wasserleitung mit einem prächtigen Brunnenhaus ließ er errichten. All dies diente fraglos seiner Selbstdarstellung und Legitimation, hatte jedoch einen die Bevölkerung Attikas integrierenden Effekt.

Als Peisistratos im Jahre 528/7 v. Chr. starb, blickte Athen auf eine lange Periode der Stabilität und wirtschaftlichen Prosperität zurück, in der sich die unter Solon geschaffenen Polisorgane gefestigt hatten. Deshalb ging seine Herrschaft zunächst problemlos auf seine Söhne über. Auf den Panathenäen des Jahres 514 v. Chr. allerdings wurde Hipparchos, offenbar im Kontext einer Liebesgeschichte (Thuk. 6,53,3–59,4), ermordet. Anschließend übte sein Bruder Hippias noch vier Jahre eine Tyrannis aus, die 510 v. Chr. beendet wurde.

Vertrieben wurde er von den Spartanern, die von der Pythia dazu bewogen worden waren. Die Pythia wiederum scheint durch das athenische Geschlecht der Alkmeoniden bestochen worden zu sein, hatten diese doch den Wiederaufbau des 548 v. Chr. abgebrannten Apollon-Tempels von Delphi finanziert. Die Spartaner griffen damit in eine erneut aufkeimende athenische *stásis* ein, aus welcher der Alkmeonide Kleisthenes als Sieger hervorging. Seine Durchsetzungskraft mag auch darin begründet gewesen sein, dass er «den *dēmos* zu seiner Hetairie hinzufügte» (Hdt. 5,66,2). In der angloamerikanischen Forschung gilt die Ordnung der *isonomía* (gleiches Recht), die er im Jahre 508/7 v. Chr. in Athen etablierte, als Beginn der Demokratie in Athen. Das kann man so sehen. Ein entsprechendes Konzept existierte allerdings noch nicht. Und Kleisthenes begründete die neue Ordnung nicht als Visionär, sondern als Pragmatiker und Sieger einer *stásis*.

Im Rückblick erzählten die Athener eine andere Geschichte davon, wie die politische Ordnung, die sie in der zweiten Hälfte des 5. Jahrhunderts exportierten und auf die sie so stolz waren, entstanden sei. Dass die Vertreibung der Tyrannen durch jene Macht erfolgte, die im 5. Jahrhundert v. Chr. zum Hauptgegner Athens werden sollte, war mit athenischem Selbstverständnis nicht vereinbar. So verblassten sowohl die Rolle der Spartaner als auch der Bürgerkriegskontext in der Erinnerung gegenüber dem Mord am Tyrannensohn Hipparchos, der zur Heldentat und zum Gründungsakt der Demokratie stilisiert wurde. Schon bald nach seinem Tod begann man, Trinklieder zu singen, welche die *isonomía* als Ergebnis dieses Tyrannenmordes feierten (Athen. 15,695a–b). Im Zentrum standen Harmodios und Aristogeiton, deren Tat eigentlich durch Liebesränke motiviert war. Jetzt errichtete man ihnen an prominenter Stelle eine Statuengruppe. Sie zeigte den jüngeren und den älteren Mann als dynamische Bürger in heroischer Nacktheit, die Seite an Seite gegen den Tyrannen aufstanden.

4. Krieg und Kooperation: Die Klassik

4.1. Wir und die anderen: Die Perserkriege

Krieg führten Griechen zu allen Zeiten. Er bestimmte die Lebenswirklichkeit der Politen als Hopliten und Söldner. War Krieg für Tyrtaios Kern spartanischen Selbstbezugs (F 9 DK), und mag man Heraklits Ausspruch vom Krieg als «Vater aller Dinge» (F 22 B 53 DK) auch produktive Kräfte freisetzende Effekte entlocken, so klassifiziert Thukydides ihn desillusioniert als «gewalttätigen Lehrmeister» (Thuk. 3,82,2), der die Menschen verunsicherte, massenpsychologisch veränderte, Gesetzes- und Werteordnungen erschütterte und zu Massakern an der Zivilbevölkerung führte. So statuierte Athen 415 v. Chr. im Peloponnesischen Krieg (431–404 v. Chr.) an der abtrünnigen Inselpolis Melos ein grausames Exempel, und 413 v. Chr. metzelten entlassene thrakische Söldner auf dem Durchmarsch die Einwohner des boiotischen Städtchens Mykalessos nieder, einschließlich der zum Unterricht versammelten Kinder. Das Werk des Thukydides bot keine geeignete Grundlage für Pauker an humanistischen Gymnasien, um Oberprimaner in den Ersten Weltkrieg zu schicken.

Mit den Perserkriegen und später dem Peloponnesischen Krieg wuchs Kriegen im griechischen Raum eine neue Dimension zu, insofern die üblichen, lokal oder regional fokussierten Raubüberfälle und Positionskämpfe nun durch Konflikte überlagert wurden, die weite Gebiete des Mittelmeerraums involvierten. Dafür war strategische Planung vonnöten. Vor allem erforderten diese Kriegsformen überregionale Kooperation. Genauso wie die Koalitionen, die zur Abwehr der Perser und im Peloponnesischen Krieg geschlossen wurden, entstanden föderale Verbünde (*koiná*) wesentlich zwecks Abwehr eines gemeinsamen Feindes. Insofern waren Kampfbünde ein Katalysator für das Selbstverständnis von Griechen als regionaler Ethne und als Hellenen, die regionenüberspannend koalierten.

Dem Bild von der griechischen Klassik als kultureller Blütephase, das Johann Joachim Winckelmann (1717–1768) als Urvater der Klassischen Archäologie mit seinem Diktum von «edler Einfalt» und «stiller Größe» der irrtümlich marmorweiß imaginierten griechischen Plastik und Architektur nachhaltig prägte, sollten allerdings Schlagworte wie Krieg und Kooperation als Charakteristika des klassischen Zeitalters beigesellt werden. Ohne hier das in den Epochenbezeichnungen angelegte Modell von der Archaik als Zeit der Entstehung und Vorbereitung einer sich in der Klassik auf dem Höhepunkt befindenden Kultur fortzuschreiben, die dann im Hellenismus als Spätphase allmählich zerfallen wäre, sind diese Epochenbezeichnungen als konventionelle Verständigungsgrundlagen der Periodisierung Griechischer Geschichte aber weiterhin sinnvoll, weil sowohl das Jahr 500 als auch das Jahr 336 v. Chr. mit der beginnenden makedonischen Hegemonie über die griechische Poliswelt markante Einschnitte darstellen.

Die Epochenschwelle zwischen Archaik und Klassik um 500 v. Chr. hängt vor allem am Beginn der Perserkriege, in denen viele Griechen auf der großen politischen Bühne als ein Wir agierten und sich den Persern als den anderen gegenüberstellten. Eine Grundlage dafür bestand im gewachsenen Bewusstsein, den Hellenen als einer Gruppe anzugehören, die verschiedene regionale Ethne und Dialektgruppen umfasste. Auch deshalb ist es sinnvoll, das Jahr 500 als Epochenschwelle anzusetzen, weil sich dieses Selbstverständnis erst im Verlauf des 6. Jahrhunderts ausgeprägt hatte.

Dafür spielten die überregionalen Heiligtümer als Interaktionsstätten eine große Rolle. Als Bühnen elitärer Vernetzung hatten sie seit dem 8. Jahrhundert Bedeutung. Die entscheidende Entwicklung hin zu Einrichtungen, die breite, über die Aristokraten hinausreichende Bevölkerungsschichten involvierten, ist jedoch erst im 6. Jahrhundert anzusetzen, als Aristokraten zunehmend im Namen ihrer Poleis zu den Wettkämpfen an- und die Poleis selbst als Stifter von Weihgaben und Schatzhäusern auftraten.

Dazu passt, dass der Ausdruck *Héllēnes* in einem die Vielzahl der griechischsprechenden Ethne umfassenden Sinne zunächst auf der Inschrift eines Dreifußes auftaucht, den ein Arkader 586 v. Chr. anlässlich eines Sieges in Delphi geweiht haben soll (Paus. 10,7,6). Davor ist die Bezeichnung *Panhéllēnes* gebräuchlich (Hom. Il. 2,530; Hes. erg. 527; Archilochos F 102 West = Strab. 8,6,6), die auf Diversität unter dem Dach der *Héllēnes* verweist. Der *eponyme* (namengebende) Stammvater Hellen erscheint zum ersten Mal nachweisbar im pseudo-hesiodeischen Frauenkatalog, den im frühen 6. Jahrhundert verfassten *Ehoiai* (F 9 und 10a 20–24 Merkelbach/West = F 5 Hirschberger). Indem man Hellen in diesem Kontext als Vater bzw. Großvater von Doros, Aiolos, Achaios und Ion charakterisierte, verwob man die eponymen Heroen der maßgeblichen Dialektgruppen der Dorer, Aioler, Achaier und Ionier zu einer Familie. Sowohl lebensweltlich als auch mythologisch erweist sich folglich das 6. Jahrhundert als Katalysator für Prozesse, die (pan-)hellenisches Selbstverständnis beförderten.

Allerdings darf man die Wir-Erfahrung der Perserkriege keineswegs als Schritt zu einer irgendwie auf politische Einigung zielenden Nation missverstehen. Davon waren die Griechen der Antike zu allen Zeiten weit entfernt. Denn die in den Perserkriegen manifeste Wir-Erfahrung Griechischsprechender, die sich von den *bárbaroi* als den unverständlich Redenden absetzten, beinhaltete auch die Erkenntnis, wie sehr man untereinander uneins war. Davon zeugt nicht zuletzt die berühmte Schlangensäule, die vor dem delphischen Apollon-Tempel an die Sieger im Perserkrieg erinnerte (Meiggs/Lewis 27). Ihre erste Inschrift entfernte man umgehend, weil sich der spartanische Oberbefehlshaber Pausanias auf ihr als Sieger hatte verewigen wollen (Thuk. 1,132,2). Diese aristokratische Vereinnahmung von Ruhm und Ehre schien den beteiligten Poleis ab 480 v. Chr. jedoch nicht mehr adäquat. Sie protestierten, eradierten die Inschrift und setzten nun die Kollektivnamen ihrer Bürgerschaften auf die Bronzestele. Von den 1000 existierenden Poleis insgesamt werden hier lediglich 31 aufgeführt. Für einen panhellenischen Krieg ist dies kein beeindruckendes Zeugnis.

Tatsächlich waren die Koalitionen, die man zwischen 499 und 479 v. Chr. gegen den Perserkönig schmiedete, nicht so umfassend, wie man denken könnte – im Gegenteil. Im Rückblick und sicher auch vor dem Hintergrund der Erfahrung all dessen, was das 5. Jahrhundert noch an innergriechischen Auseinandersetzungen bereithalten sollte, formulierte Herodot das Ansinnen, panhellenische Verbünde zu schmieden, geradezu als Wunschdenken. Man habe versucht, eine Koalition gegen den heranziehenden Xerxes zu schmieden, habe nach Argos und Syrakus geschickt, heißt es da: «[...] sie hatten darüber nachgedacht, ob das griechische Volk wohl zu einer Einheit zusammenfinden könne und ob, wenn sie sich zusammenscharten, alle das gleiche Ziel verfolgen könnten, da ja Gefahren auf sie zukämen, die in gleicher Weise alle Griechen beträfen» (Hdt. 7,145,2; Übers. H.-G. Nesselrath). Vor allem im nord- und mittelgriechischen Raum, der Einfallsschneise der persischen Truppenverbände, sagten viele dem Invasor Neutralität zu. Das ist verständlich, wenn man auf die Bedrohung sieht, die vom Heer des Großkönigs ausging. Von der Koalition der Kampfwilligen wurde dieses Verhalten insbesondere ab dem Zeitpunkt, als sie unerwartet als Sieger aus dem Konflikt hervorgingen, verurteilt. Man bezichtigte diejenigen, die mit den Persern kooperiert hatten, des *mēdismós* (der Parteinahme für die Meder, die hier als Pars pro toto für das Perserreich stehen) und trug im Zuge der Aufarbeitung des Geschehens interpoleistische Konflikte aus. Vor allem Athen mit den Siegen bei Marathon und Salamis, aber auch Sparta als herausragend-heroische Hoplitenpolis, die König Leonidas und 300 Spartiaten bei den Thermopylen opferte, profilierten sich im Verlauf des 5. Jahrhunderts v. Chr. als Vorkämpfer der Hellenen. Dagegen erhielt Theben, eine Hauptkonkurrentin Athens, den Stempel des *mēdismós*, obwohl die Polis nachweislich als eine der wenigen Kämpfer an die Thermopylen geschickt hatte. Jede Polis hatte ihr eigenes Perserkriegserlebnis, das wir aufgrund der Athenozentrik vieler Quellen oftmals allerdings nur schwer oder gar nicht fassen können.

Der Krieg zwischen den griechischen Poleis und dem Vielvölkerreich der Perser unter den Großkönigen Dareios und später Xerxes erinnert an den Kampf von David gegen Goliath. Im Selbstverständnis der unerwartet siegreichen Griechen war dies sicher der Fall. Je größer der Gegner, umso größer erschien der Sieg, umso mehr Selbstvertrauen konnte man aus geglücktem Agieren gewinnen – wie die Athener in der Landschlacht von Marathon 490 v. Chr., als sie die Perser ohne spartanische Hilfe schlugen, weil diese aufgrund eines gerade anstehenden Festes zu spät kamen. Im Nachklang stilisierte man die Perserkriege zur Auseinandersetzung zwischen östlicher Despotie und westlicher Freiheit, Autonomie und Demokratie. Für Christian Meier ist die entscheidende Seeschlacht von Salamis im Jahre 480 v. Chr. gar das «Nadelöhr» für einen «Neubeginn der Weltgeschichte». Daraus habe sich das «Könnensbewusstsein» der Athener entwickelt, das wesentlich zur spezifisch griechischen Kultur als einer «Kultur, um der Freiheit willen» geführt habe. Zwar trifft es zu, dass athenisches Selbstbewusstsein im 5. Jahrhundert maßgeblich durch die eigene Rolle in den Perserkriegen bestimmt war, so dass man sich schließlich als «Schule von Hellas» verstand (Thuk. 2,41,1). Zwar führte u. a. der Einsatz der ärmsten Bürger (*Theten*) als Ruderer auf den kriegsentscheidenden Schiffen dazu, dass ihrer Bedeutung für die Polis auf Dauer mit politischen Rechten entsprochen wurde und sich die athenische Demokratie entfaltete. Aber der Krieg war weder ein politisch-systemisch noch ein ethnologisch motivierter Kampf. Für die Perser, die auch mit innenpolitischen Problemen kämpften und für die der Ägäisraum ganz am Rande ihrer Interessensphäre lag, hatte er weit weniger Bedeutung als für die Griechen. Doch das ist im Rahmen einer Griechischen Geschichte kaum von Belang.

Ausgangskonflikt war der Ionische Aufstand. Aristagoras, Tyrann des kleinasiatischen Milet, überwarf sich im Jahre 500/499 v. Chr. mit den persischen Oberherren, die in dieser Zeit Kleinasien als Satrapie kontrollierten, rief die ionischen Küstenstädte zum Aufstand auf und suchte Verbündete in Zentralgriechenland. Allein Athen und Eretria erklärten sich zur

Unterstützung bereit. Der Aufstand endete 494 v. Chr. mit der Niederlage der Griechen bei der Milet vorgelagerten Insel Lade. In Athen war man verunsichert, weil man Rache der Perser erwartete. Die Verunsicherung artikulierte sich u. a. im Drama *Der Fall Milets* von Phrynichos, in kontroversen Debatten und in der Praktizierung des *ostrakismós* (Scherbengericht), das den Zweitmächtigsten für zehn Jahre aus Athen verbannte, um einer die Gemeinschaft zerreißenden *stásis* vorzubeugen. Auch Themistokles stand auf den Abstimmungsscherben (*óstraka*). Mit Rückenwind des Orakels von Delphi setzte er jedoch den Bau einer Flotte durch, die in den kommenden Jahrzehnten Athens Machtposition begründen sollte.

Im Jahre 481 v. Chr. verbanden sich kaum mehr als dreißig Poleis unter Spartas Führung zum Hellenenbund als einem antipersischen Verteidigungsbündnis, das sich später auf der bereits erwähnten Schlangensäule verewigte. Die Verteidigungslinie in Mittelgriechenland an den Thermopylen, an denen der Spartanerkönig Leonidas mit seinen Kämpfern verraten und vernichtend geschlagen wurde, sowie am Kap Artemision, das die Athener verließen, als ihnen der Rückweg nach Athen abgeschnitten zu werden drohte, mussten die Griechen aufgeben. Leonidas und seine Dreihundert wurden jedoch unsterblich. Ihr Ausharren in aussichtsloser Lage instrumentalisierten viele Machthaber als Vorbild kompromisslosen Einsatzwillens für das Vaterland. Entsprechend begleitete nationalsozialistische Propaganda hunderttausende junger Männer unter verklärendem Jubelgeheul von Treue und Pflichterfüllung 1942/3 bei Stalingrad in einen sinnlosen Tod.

Die Perser hatten somit ungehinderten Zugang nach Attika gewonnen. Themistokles überzeugte die Athener, aufs Ganze zu gehen und eine Seeschlacht zu wagen. Die Männer bemannten die Schiffe; Frauen, Kinder und Alte flohen aus Athen nach Aigina, Salamis und Troizen, und die Perser verwüsteten Attika. Im Frühjahr darauf wiederholte sich die Konstellation. Noch Alexander sollte seinen Krieg gegen die Perser als Rachezug für die Zerstörung Athens in den Perserkriegen legitimieren. Leid und Opfer der Bevölkerung kann man nicht aufwiegen. Aber die Taktik des Themistokles ging auf. Im September 480 v. Chr. lockte er die persische Flotte bei Salamis in eine Falle und besiegte sie. Während Xerxes mit einem Teil des Landheers zurück nach Sardes zog, überwinterten die persischen Truppen unter dem Oberbefehlshaber Mardonios in Thessalien. 479 v. Chr. kam es schließlich zur Schlacht von Plataiai unter dem Oberbefehl des Spartaners Pausanias, in der die Perser eine verheerende Niederlage erlitten. Als zeitgleich die persische Restflotte auf der Samos gegenüberliegenden Halbinsel Mykale vernichtet wurde, war dieser Perserkrieg vorbei.

Trotzdem blieben die Perser im Ägäisraum präsent. Erst im Kallias-Frieden von 449 v. Chr. vereinbarten Perser und Athener, dass Letztere keine Perser mehr angreifen und die Perser dafür die ionischen Städte in Ruhe lassen würden. Damit erkannten die Perser die athenische Oberherrschaft über die Ägäis durch den Attischen Seebund an. Aber bereits in der Endphase des Peloponnesischen Krieges trugen sie maßgeblich dazu bei, dass sich Sparta eine Flotte aufbauen konnte und damit auf diesem Sektor Athen gegenüber konkurrenzfähig wurde. Im 4. Jahrhundert schließlich waren die Perser die Ordnungsmacht, die griechische Friedensvereinbarungen garantieren sollte.

4.2. Amphiktyonie, Symmachie und Koinon: Polisübergreifende Kooperationsformen

In ihrem Selbstverständnis waren die Athener die «Retter von Hellas» (Hdt. 7,139,5). Tatsächlich wuchsen sie unmittelbar nach den Entscheidungsschlachten von 480 und 479 v. Chr. in eine neue Führungsrolle hinein. Denn 479/8 v. Chr. vollzog sich im Hellenenbund ein Hegemoniewechsel von den Spartanern zu den Athenern, womit die Gründung des Delisch-Attischen Seebunds einherging. Die genauen Umstände sind umstritten. Der Kontext erhellt allerdings, dass auch der neue Bund primär für Verteidigungszwecke gedacht war, als *Symmachie* (Kampfbund). In nuce zeigte sich damals eine Grundkonstellation großräumigen Agierens, in der sich die Motivationslage Spartas erheblich von derjenigen Athens unterschied. Während sich die Hegemonialinteressen Spartas vor allem auf die Peloponnes richteten, konzentrierte sich Athen auf die Ägäis und die ionischen Gebiete Kleinasiens. Auch wirtschaftliche Interessen spielten dabei eine Rolle. Sie hingen einerseits mit Besitzungen führender athenischer Familien in der Nordägäis zusammen, andererseits mit Handelsverbindungen über den Strymon hinweg sowie ins Schwarzmeergebiet hinein: Sowohl der Holznachschub für den Schiffsbau als auch die Versorgung der Großstadt mit Getreide waren existentiell für Athen. Mythologisch und ethnisch wurden beide Herrschaftsräume über die Stammesverwandtschaft der Dorer bzw. der Ionier legitimiert. Militärisch kontrastierte das herausragende Heer der Spartiaten mit der größten Flotte der griechischen Welt.

Der Delisch-Attische Seebund formierte sich mit dem Ziel, sich vor weiteren Übergriffen der Perser zu schützen. Auf athenischer Seite mag das Rachemotiv für die erlittenen Verwüstungen eine große Rolle gespielt haben, auf ionischer Seite das Ansinnen, endgültig Freiheit von persischer Oberherrschaft zu erlangen. Die Frage danach, was Freiheit heißen sollte, wenn man den persischen gegen den athenischen Oberherrn eintauschte, stellte sich erst im Laufe der Zeit. Auch auf athenischer Seite war anfangs keineswegs abzusehen, dass sich die Symmachie zu einer *archḗ* (Herrschaft) entwickeln sollte. Bewusst bestimmte man die kleine Insel Delos inmitten der Ägäis als Zentrum des neuen Bundes, daher die Bezeichnung ‹Delisch-Attischer Seebund›; die Athener sprachen von «den Athenern und ihren Bundesgenossen» (*hoi Athēnaíoi kai hoi sýmmachoi*). Die bilateral zwischen Athen und jedem anderen Mitglied ausgesprochene Eidesformel, «dass Freund und Feind für sie gemeinsam sein sollten» (Ath. pol. 23,5), eröffnete großen Interpretationsspielraum in dieser zeitlich unbegrenzt abgeschlossenen Symmachie.

Auf Delos befand sich die Kasse des Bundes. Dort sollte das *synhédrion*, die Versammlung der Bündner, tagen. Als im Jahre 454 v. Chr. die Kasse nach Athen verlegt wurde, zeigte auch dieser Schritt, dass die Athener mit dem Bund ein Machtinstrument für eigene hegemoniale Interessen in der Hand hatten und die anderen Mitglieder mit z. T. repressiven Maßnahmen dominierten. Strukturell wurde dies dadurch begünstigt, dass die Symmachie als Schutzbund angelegt war und jedes Mitglied gemäß eigener Kapazitäten Schiffe in die Bundesflotte einbrachte. Da die Ausstattung der *Trieren* (Kriegsschiffe mit drei übereinander liegenden Ruderreihen) äußerst kostspielig war, konnten sich bald nur noch große Inselpoleis wie Chios, Lesbos und Samos das Einbringen von eigenen Schiffen leisten. Alle anderen zahlten Abgaben (*phóroi*) an Athen. Was anfangs eine Chance für kleinere Poleis war, weil man sich mit relativ geringen Beiträgen Schutz und Sicherheit erkaufen konnte, verursachte Abhängigkeit von Athen und wurde im Verlauf des 5. Jahrhunderts v. Chr. von athenischer Seite für Machtmanifestationen ausgeschlachtet. Alljährlich bei den Panathenäen demonstrierte man, welche Tribute von welchen Bündnern in die athenische Kasse flossen. Da die Bindung der einzelnen Mitglieder an den *hēgemṓn* bilateral organisiert war, konnte man sich nicht gegen ihn zusammenschließen. Austrittsversuchen wie demjenigen der Inselpolis Melos im Peloponnesischen Krieg begegnete man mit brutaler Härte (Thuk. 5,84–116).

Der Peloponnesische Bund unter Sparta als Hegemon hatte sich bereits im 6. Jahrhundert v. Chr. formiert. Funktional betrachtet war er das Instrument, mit dem Sparta die Peloponnes dominierte. Aber die Abhängigkeit war insofern nicht einseitig, als Sparta im Verlauf des 5. Jahrhunderts demographisch immer mehr am Schwund der eigenen Vollbürger, der Spartiaten, litt. Diese mochten als Elitekämpfer durch ihre bereits im Erziehungssystem angelegte Einschwörung auf die Polisgemeinschaft noch so herausragend sein, allein konnten sie weder die Oberherrschaft über das im 8. Jahrhundert eroberte Messenien mit den dort ansässigen, rechtlosen Heloten, welche die landwirtschaftliche Grundabsicherung des Kriegerstaates schultern mussten, noch die Vorherrschaft über die Peloponnes im Angesicht der Hauptkonkurrentin Argos gewährleisten. Insofern hing Sparta maßgeblich von starken Bündnern wie Korinth ab, das u. a. den Ausbruch des Peloponnesischen Krieges mitbetrieb, wogegen mächtige Gruppierungen innerhalb der spartanischen Volksversammlung gegen einen Krieg votierten.

Keiner konnte in der Welt von über 1000 Poleis allein bestehen. Bündnisse waren ein Gebot der Notwendigkeit und zugleich eine Chance, sich gegenüber anderen Machtblöcken wie den Supermächten der Perser und später Rom zu behaupten. Das gilt nicht nur auf überregionaler, sondern auch auf regionaler Ebene. Die Föderalstaaten (*koiná*), die sich in der griechischen Welt ab dem 5. Jahrhundert v. Chr. bildeten, sollten noch die Gründungsväter Amerikas inspirieren, als sie im 18. Jahrhundert n. Chr. die Verfassung der USA entwarfen. In den *Federalist Papers* der Zeit spiegeln sich intensive Diskussionen, die sich um proportionale Repräsentation der Mitgliedsstaaten im Zentralgremium drehten. Montesquieus Überzeugung, das lykische Koinon mit seiner Föderalverfassung sei ein wichtiges Vorbild, spielte dabei genauso eine Rolle wie die Delphische *Amphiktyonie* mit ihrem Rat der ‹Umwohner›, die das Heiligtum gemeinsam kontrollierten, um die Dominanz einer einzigen Macht über diese für alle so wichtige Stätte zu verhindern, und in dem jedes Mitglied stimmberechtig war.

Das klassische boiotische *koinón* mit seiner ab 447 v. Chr. bezeugten Bundesverfassung bietet ein Beispiel dafür, wie ausgefeilt Föderalismus praktiziert wurde (Hell. Oxyrh. 19,2–4 Chambers). Grundeinheiten, auf deren Basis Partizipation geregelt wurden, waren *mérē*, also Distrikte, welche die Region nicht territorial, sondern proportional im Hinblick auf die Größe der Bürgerzahlen einteilten, so dass große Poleis zwei oder mehr *mérē* erhielten und kleine Poleis unter einem Distrikt subsumiert wurden. Bevölkerungsreiche Poleis entsandten folglich mehr Oberbeamte und Ratsmänner, mussten allerdings auch die Kosten für sie aufbringen; sie zahlten mehr Beiträge, hatten aber auch größeren Anteil am Bundesschatz; sie stellten mehr Richter, aber auch mehr Hopliten und Reiter als kleine Poleis mit einer überschaubaren Bürgerschaft. Freilich waren selbst solche Föderalsysteme nicht vor Hegemonialbildung gefeit, wie sie in Boiotien im 5. und 4. Jahrhundert v. Chr. durch Theben betrieben wurde. Institutionell drückte sich dies dadurch aus, wie viele Distrikte man kontrollierte und wo die Institutionen des *koinón* tagten, in diesem Falle auf der thebanischen Kadmeia, der Oberstadt von Theben.

Politische Institutionen wie Bundesversammlungen und Bundesbeamte waren allerdings bei weitem nicht alles. Vielmehr beruhten die *koiná* auf einem gewachsenen Fundament an Zusammengehörigkeitsgefühl und Kooperation, das auf kultischer, mythischer, ethnischer und ökonomischer Grundlage entstand. Oftmals wurden solche Bundesstaaten aus militärischen Behauptungszwängen geboren. Hinzu kamen zunehmend regional ausgerichtete Wirtschaftskreisläufe, für die sich Münzgeld als Gebot der Stunde erwies. Ein wichtiger Faktor in den Handels- und Austauschprozessen von Gütern waren einflussreiche Heiligtümer, deren Pilgerbetrieb im Umfeld großer Feste aus den Kultstätten bedeutsame Wirtschaftsbetriebe machte. Dazu gehörte nicht nur die Unterbringung der Pilger, sondern auch die Bezahlung der Kultfunktionäre und die Bereitstellung von Opfervieh, dessen Aufzucht teils vor Ort geschah oder das teils über weite Strecken zum Heiligtum getrieben wurde, wie es Festkalender bezeugen. Mit Konterfeis der Götter, die in den entsprechenden Heiligtümern residierten, repräsentierten die Münzen zugleich, worüber man sich in der Region definierte. Auch jenseits von Amphiktyonien spielten Heiligtümer eine zentrale Rolle für die Herausbildung von föderalen Institutionen: als Orte gemeinsamen Kultes, als Orte der Interaktion – dort tagte in vielen Fällen die Bundesversammlung – und als Orte der Identitätsbildung.

Unweit der südboiotischen Polis Plataiai zelebrierte man in hellenistischer Zeit die Daidala, ein Fest zu Ehren der Versöhnung von Zeus und Hera. Die Teilhabe am Fest war genau geregelt. Während den größeren boiotischen Poleis regelmäßig die Ehre und Aufgabe zukam, eines von 14 hölzernen Götterbildern (*xóana*) beizusteuern, wurde die Zuteilung der übrigen Holzbilder unter den kleineren boiotischen Gemeinden ausgelost (Paus. 9,3,5–8). Dies erinnert an Distrikte aus klassischer Zeit und spiegelt womöglich Strukturen des hellenistischen boiotischen Koinon. Jedenfalls wird an diesem Fest ersichtlich, dass föderal-integrative Institutionen im Rahmen von Kulten besonders langlebig waren. Und mehr als das: Theben nahm an diesem Fest der plataiischen Stadtgöttin ebenso teil, wie es andere Poleis der Region taten. Damit stand die Versöhnung zwischen Zeus und Hera auch für die Versöhnung zwischen Theben und Plataiai, die auf eine lange Feindschaft zurückblickten.

Koina waren oft erstaunlich langlebig und überlebten die Herausforderungen, die sich durch die Suprematie hellenistischer Monarchien und der Römer ergaben, wenn auch in modifizierter und primär kultisch ausgerichteter Form. In einem Schreiben Hadrians aus dem Jahre 138 n. Chr. wird der Gemeinde Naryx der Status einer Polis zugeschrieben, weil sie zum boiotischen Koinon gehöre und dafür regelmäßig einen Oberbeamten stelle (SEG 51641 Z. 11–12). In einer Welt, welche die Freiheit und Autonomie der Polis über alles stellte, könnte man dies als Abwertung der Polis verstehen. Die umgekehrte Lesart ist genauso denkbar: dass die Mitgliedschaft in Koina eine Polis aufwertete; oder noch pointierter: dass die einzelne Polis nur im föderalen Verbund als Polis bestehen blieb.

4.3. Aristokratie und Demokratie: Die Genese verfassungspolitischen Denkens

Als Sieger einer *stásis*, mit der die Vertreibung des letzten Tyrannen in Athen einherging, etablierte Kleisthenes 508/7 v. Chr. in Athen eine neue Ordnung der *isonomía* (gleiches Recht). Damit verfolgte er kein bewusstes Demokratisierungsprogramm, zumal der Begriff *dēmokratía* erst ab den 460er Jahren bezeugt ist. Aber seine Reformen stellten zweifellos einen Meilenstein im Rahmen eines langen Prozesses dar, der zur direkten Beteiligung sehr großer Teile der Bürgerschaft führte und der das bereits unter Solon erkennbare Bewusstsein dafür, dass politische Ordnung gestaltbar sei, dahingehend erweiterte, dass man auf Dauer verschiedene Herrschaftstypologien miteinander kontrastierte und sie vergleichend bewertete. Darüber hinaus wurde die Überzeugung, mit *dēmokratía* eine athen-spezifische Regierungsform ausgeprägt zu haben, durch den Seebund befördert, weil man die eigene Ordnung exportierte, um die Loyalität anderer Gemeinwesen sicherzustellen, wogegen der Antipode Sparta oligarchische Systeme bevorzugte.

Kern der Kleisthenischen Reformen war eine Phylenreform, also eine Neuordnung der Untereinheiten der Bürgerschaft, die fortan Beteiligungsmodi am neu geschaffenen Rat der 500 regelte. Die alten vier Phylen wurden durch zehn neue Phylen ersetzt, welche sich wiederum in drei territorial definierte Einheiten untergliederten (*Trittyen*) und somit die Küsten-, Binnenland- und Stadtregionen zusammenführten. Bestehen blieben die gewachsenen über einhundert *Demen*, die den Phyleneinheiten zugeteilt wurden und in denen sich mit der Wahl von Ratsherren (*Bouleuten*) im Rahmen von Gemeindeversammlungen (*agoraí*) demokratische Prozesse auf Dorfebene abspielten. Jede Phyle entsandte alljährlich 50 Ratsherren in den Rat der 500, aus dem jeweils für ein Zehntel des Jahres ein Zehntel der Ratsherren den geschäftsführenden Ausschuss bildete (*Prytanie*), der Beschlüsse in der Volksversammlung vorbereitete. Womöglich intendierte Kleisthenes damit die Zerschlagung von Einflusszonen anderer aristokratischer Familien. Im Effekt führte die neue Ordnung zur Beteilung einer sehr großen Anzahl von Bürgern an den politischen Entscheidungsvorgängen und zu einer gleichmäßigen Verteilung politischer Verantwortung.

Von Demokratie im heutigen Verständnis kann man in diesem Zusammenhang noch nicht sprechen, weil erst die Einführung von Diäten 454 v. Chr. ärmeren Athenern die Teilnahme an den Sitzungen von Volksversammlung, Gerichtsversammlungen und Rat ermöglichte. Aristokraten waren nun zwar zunehmend gehalten, sich vor der Volksversammlung zu profilieren, um sich bei Wahlen für die Oberämter gegen Konkurrenten durchzusetzen. Aber de facto dominierten sie zu Beginn des 5. Jahrhunderts politische Prozesse sowohl in den Demen als auch in der *ásty*, dem Stadtzentrum von Athen. Dass die *Archonten* bald durch Losverfahren bestellt wurden, welche man als besonders gerecht ansah, brachte allerdings für die ehrgeizige Oberschicht erhebliche Unwägbarkeiten mit sich, so dass diese ihre Ambitionen auf das 501/0 v. Chr. eingeführte Kollegium der zehn Strategen ausrichtete. Denn die Strategen wurden als einzige gewählt. Darüber hinaus konnte man das Amt, sofern man sich bewährte, mehrere Jahre in Folge bekleiden. Somit garantierte das Strategenamt eine gewisse Kontinuität und wurde aufgrund der statusadäquaten Bewährungschancen als Oberbefehlshaber zur prestigereichsten Position überhaupt. Um den ungeheuren Möglichkeiten der Machtentfaltung, die über den Seebund mit diesem Amt verquickt waren, einen Riegel vorzuschieben, führte man im Rahmen der Reformen des Ephialtes (462/1 v. Chr.) Kontrollverfahren zur Amtsführung ein. In der deutschen Althistorie tendiert man deshalb dazu, eine vollentwickelte athenische Demokratie erst in den 450er Jahren anzusetzen – im Gegensatz zur angloamerikanischen Forschung, welche die athenische Demokratie traditionell mit den Reformen des Kleisthenes beginnen lässt. Frauen allerdings, Männer ohne Bürgerrecht wie *Metoiken* (Mitbewohner, ansässige Fremde) und Sklaven – und damit wesentliche Bevölkerungsanteile – waren weiterhin von den Tätigkeiten in Rat und Volksversammlung ausgeschlossen. Aber man sollte eine solche Demokratie vor den Hintergründen ihrer eigenen Zeit beurteilen. Darüber hinaus überstieg der Grad bürgerschaftlicher Beteiligung an Regierungsgeschäften in dieser direkten Demokratie bei weitem das, was wir aus unseren repräsentativen Demokratien kennen.

Da man für die Aufrechterhaltung des Seebunds auf die Ruderkraft der *Theten* angewiesen war, erscheint die athenische Demokratie als Konsequenz außenpolitisch bedingter Notwendigkeiten. Sie wurde keineswegs von allen geliebt, im Gegenteil. In der Elite distanzierten sich viele von einer Herrschaft der Masse. Und als sich im Peloponnesischen Krieg die Niederlagen häuften, sahen Oligarchen ihre Stunde gekommen (411 und 404/3 v. Chr.). Die Frage, was die beste Verfassung sei, beschränkte sich nicht auf kleine Kreise, sondern wurde im Theater verhandelt. Sowohl das Verhalten einzelner Politiker als auch abstrakte Fragen politischer Ordnung waren ein Politikum.

Bis man in der Schule des Aristoteles im 4. Jahrhundert Verfassungen der griechischen Welt sammelte und skizzierte, u. a.

die *Athenaion politeia* (Staat der Athener), bis man mit *Monarchie*, *Aristokratie* und *Demokratie* bzw. *Politeia* drei Haupttypen von Herrschaft etablierte, denen man in *Tyrannis*, *Oligarchie* bzw. *Timokratie* und *Ochlokratie* ihre Verfallsformen gegenüberstellte, und bis man schließlich die bei Herodot (Hdt. 3,80,1–83,1) angedeutete Theorie des Verfassungskreislaufs bei Polybios (Polyb. 6,7–10) mit Blick auf das Ideal der Mischverfassung ausformuliert findet, bis dahin waren in der ersten Hälfte des 5. Jahrhundert v. Chr. noch einige Schritte zu gehen.

Als historiographisches Element sollten Verfassungsdebatten eine lange Tradition entwickeln. So berät sich im Werk des römischen Senators Cassius Dio Oktavian-Augustus mit seinen Vertrauten, welche politische Ordnung für Rom die beste sei (Cass. Dio 52,1–40). Die erste überlieferte Verfassungsdebatte stammt aus Herodots *Historien* (Hdt. 3,80,1–83,1). Dort trifft sich der Perserkönig Dareios mit zwei Vertrauten, um über die bestmögliche Ordnung für sein Reich zu sprechen. Da diese Debatte keine historisch verbürgte Szene wiedergibt, spiegelt sie in erster Linie athenisches Denken in der zweiten Hälfte des 5. Jahrhunderts v. Chr. Sie bezeugt, dass man politische Ordnung von athenischen Verhältnissen abstrahierte. Aus der Erfahrung im Seebund, dass politische Ordnung übertragbar sei, war die Vorstellung von der generellen Austauschbarkeit politischer Ordnung gewachsen.

Athenische Geschichte im Werk Herodots gründet auf einem doppelten Freiheitsnarrativ, nämlich innenpolitisch auf der Befreiung von der Tyrannis und außenpolitisch auf der Befreiung von den Persern. So erstaunt auf den ersten Blick, dass Dareios als Befürworter der Monarchie mit schwachen Argumenten und einem Trick als Sieger aus der Debatte hervorgeht. Auf den zweiten Blick erstaunt dies weniger, weil Herodot die zum Sieg führende Position durch seine Erzählweise relativiert. Autokratien wie diejenigen am Perserhof verhindern freie Debattenkultur, mag eine Botschaft der Erzählung an die athenischen Leser gelautet haben, für die *isēgoría* (gleiche Redefreiheit) ein hohes Gut darstellte. Des Weiteren mag Herodot seinen Zeitgenossen einen Spiegel vorgehalten haben. War Athen über sein rücksichtsloses Agieren im Attischen Seebund nicht zu einer *pólis týrannos* (Thuk. 1,124,3) geworden? Und konnte man nicht im Hinblick auf Perikles, der in den 440er und 430er Jahren als Stratege eine alle anderen überragende Machtposition erlangt hatte, sagen, dass die athenische Ordnung nur «dem Namen nach eine Demokratie, in Wirklichkeit eine Herrschaft des Ersten Mannes» (Thuk. 2,65,9) sei? Das Ergebnis der herodoteischen Verfassungsdebatte kann man als Frage Herodots an seine Mitbürger lesen, ob denn die Freiheit tatsächlich den Sieg davongetragen habe, ob sich die Demokratie in Athen nicht zu ihren schlechten Seiten hin entwickelt habe, weil sie dem Ruf nach *eleuthería*, der Freiheit nach innen und außen, entsagt habe. Aber am Ende steht keineswegs Resignation. Denn Menschen bei Herodot sind in der Tradition der Vordenker aus seiner ionischen Heimat vernunftbegabt – wie Kroisos auf dem Scheiterhaufen (Hdt. 1,86–87) und viele andere Herrscher in ihren letzten Stunden. Angefangen von Perserkönigen und Tyrannen über Vorkämpfer der Freiheit wie Aristagoras und Themistokles bis zu Athen als einer *pólis týrannos* sind Herodots Protagonisten ambivalente Charaktere mit Machtgelüsten. Aber durch die Einsicht in die Korrumpierbarkeit des Menschen können wir diese überwinden, lautet eine Botschaft der *Historien*. Dann hat nicht die Autokratie, sondern haben *isēgoría* und *eleuthería* das letzte Wort – im Sinne eines Appells, für sie zu kämpfen. Herodots Verfassungsdebatte verweist damit auf die Herausbildung einer politischen Ethik. Dieses griechische Erbe können wir ohne Kulturchauvinismus annehmen.

4.4. Jeder Polis ihr Theater: Auf den Großen Dionysien

Zu jeder Polis gehörte ein Theater, das kultisch, künstlerisch, sozial und politisch von eminenter Bedeutung für die Gemeinschaft der Polis war. Das Fest enthob sie dem Alltag, entgrenzte vom Normengerüst, das sie normalerweise zusammenhielt, und schärfte es gerade dadurch ein. Nach der katalytischen Erfahrung entgrenzter Welten kehrte man anschließend befreit und gefestigt in den Alltag zurück.

Alljährlich in der zweiten Märzhälfte feierte man in Athen über fünf Tage hinweg die Großen Dionysien. Nachdem man das Kultbild des Dionysos vom Kleinen Tempel an der Straße nach Eleutherai ins Dionysostheater zu Füßen der Akropolis geholt hatte, fand am ersten Festtag eine große Prozession mit Opfern und Chorgesängen statt. Unter den Prozessierenden befanden sich *phallophóroi* (Phallusträger) und die maskierten, Betrunkene imitierenden *ithúphalloi* (Wüstlinge mit erigiertem Glied), die Zuschauer beschimpften. Indem man durch die Degradierung im Spott soziale Unterschiede einebnete, wurde der Ausnahmezustand mit der Freigabe von Normen eröffnet. Zugleich spiegelte der erste Tag die soziale Ordnung: Unter der Oberaufsicht des *árchōn epṓnymos* brachten die Strategen Opfer dar, Männer- und Knabenchöre aus den zehn Phylen stimmten in das Lob auf Dionysos ein, indem sie zu einem *Dithyramben*-Wettbewerb antraten und damit ihre lokale Verbundenheit festigten; Abordnungen aus Seebundstädten entrichteten vor aller Augen Tribute, verdiente Bürger wurden genauso geehrt wie die Söhne gefallener Krieger, die eine Rüstung erhielten.

An den folgenden vier Tagen wurde der musische Agon zwischen den Dichtern ausgetragen, die sich mit ihren Tragödien und Komödien im Vorwettkampf für die Endausscheidung qualifiziert hatten, bevor am Ende des fünften Tages der Sieger gekürt wurde. Bereits im Vorfeld war ein großes Engagement der Bürgerschaft vonnöten. Abgesehen von den Dichtern selbst waren viele Athener in den Chören und in der Jury beteiligt. Choregen finanzierten die Aufführungen über *Leiturgien* (Dienste für die Gemeinde). In das Dionysos-Theater am Abhang der Akropolis von Athen passten bis zu 17 000 Zuschauer: neben männlichen Bürgern auch Frauen, *Metoiken*, Kinder und Sklaven. Zwar spiegelte die Sitzordnung u. a. durch die Einführung der *Prohedrie*, also reservierter Sitzreihen für Prominente, Hierarchien wider, aber spontane Zustimmung oder Missfallen konnte jeder äußern, und das war entscheidend – nicht nur für die Entscheidung der Jury, welches Stück am Ende gewinnen sollte, sondern auch für den Leumund von Politikern, die bei solchen Gelegenheiten schonungslos mit einem Stimmungsbarometer ihrer Beliebtheit konfrontiert wurden.

Ob Tragödien und Komödien an getrennten Tagen oder hintereinander präsentiert wurden, variierte. Beide Gattungen bewirkten das, was Aristoteles in seiner *Poetik* wirkmächtig als *kátharsis* (Reinigung) beschrieb. Die Komödie konfrontierte mit absurder Unordnung, setzte die Asymmetrie der Macht temporär außer Kraft und entthronte die Mächtigen; der Spott des Aristophanes machte weder vor Perikles noch vor anderen einflussreichen athenischen Politikern wie Kleon halt. Da gemeinsames Scherzen und Spotten verbindet, reinigte sich die in Komödien involvierte Gesellschaft kollektiv durch Lachen. Denn wer etwas oder jemanden auslacht, wird auf die vom Verhalten des Ausgelachten abweichenden normativen Zustände verwiesen, die den Lachenden kollektiv erstrebenswert erscheinen.

Bei den Tragödien vollzog sich die Katharsis über das Erleiden von Schock und Horror, was zu Zittern, erhöhtem Puls, ja beim Auftritt der Erinnyen als Rachegöttinnen sogar zu einer Fehlgeburt geführt haben soll. Jeder kannte die mythologischen Stoffe, die in den Tragödien verhandelt wurden. Jeder war auch politisch insoweit informiert, als er subtile Anspielungen auf zeitgenössische Zustände verstand. Mochte er Aischylos, Euripides oder Sophokles heißen, ein Dichter, der den Siegeskranz erringen wollte, musste altbekannte Stoffe neu thematisieren und lebensweltlich so situieren, dass Identifikationspotential gegeben war – und das, obwohl sich die Zuschauer den Protagonisten der Tragödien sozial unterlegen gefühlt haben dürften: entführten diese doch im Kontrast zu den Komödien, gegenüber deren sozial einfach gestrickten Gestalten man sich überlegen dünken mochte, in die Welt von Königen und Heroen. Viele Tragödien rücken den Umgang mit Macht sowie die daraus erwachsende Gefahr von Willkür und Selbstüberhebung ins Zentrum, ein anthropologisch universelles Thema, das nicht nur Griechen des 5. Jahrhunderts v. Chr. faszinierte. Tragödien ziehen in tragische Situationen hinein, die eine Entscheidung fordern, jedoch keinen Ausweg bieten. Insofern wurden Tragödien bezeichnenderweise nicht einzeln, sondern als Tetralogie präsentiert, die sich aus drei zusammenhängenden Tragödien sowie einem abschließenden Satyrspiel zusammensetzte.

Nachdem man das Zerbrechen der Weltordnung durchlitten hatte, bedurfte es der starke Integrationskraft entfaltenden kathartischen Erleichterung, diese Transgression durch die Rückkehr zur Ordnung zu überstehen. Dazu trug auch der entspannende Ausklang einer Tetralogie durch ein Satyrspiel bei. Mit ihrer gewagten Sexualität mochten die Satyrn faszinieren und an unbewusste Phantasien oder Ängste gemahnen, aber sie waren in ihrem Überschreiten bürgerlichen Verhaltens zugleich lächerlich und trugen deshalb wiederum dazu bei, die Normen der Gemeinschaft auch in diesem Bereich zu konsolidieren.

Bisweilen wurde die Festigung der kulturellen Ordnung nach deren Transgression in den Theaterstücken selbst thematisiert, z.B. in der 458 v. Chr. bei den Großen Dionysien aufgeführten *Orestie* des Aischylos. Sie behandelt den mythischen Stoff der Generationen umfassenden, miteinander verketteten Tötungsdelikte im Haus der Atriden: Klytaimnestra ermordet ihren aus dem Krieg heimkehrenden Mann Agamemnon, weil sie inzwischen einen Liebhaber hat. Um seinen Vater zu rächen, bringt Orestes seine Mutter und deren Liebhaber um. Danach verfällt er dem Wahn in Gestalt von Rachegeistern, der Erinnyen. In der dritten Tragödie dieser Tetralogie, den *Eumeniden*, sucht Orestes Rat in Delphi. Tatsächlich stellt ihm Apollon Entsühnung in Aussicht. Aber die Rachegeister seiner Mutter, die Erinnyen, verfolgen ihn. Deshalb flieht Orestes nach Athen, in der Hoffnung, dass Athena ihm Schutz bieten möge. Diese setzt schließlich ein Gericht athenischer Bürger ein, um den Fall zwischen der Position der Erinnyen, die auf Rache bestehen, und der Position Apollons, der für Versöhnung plädiert, zu entscheiden. Es kommt zu einer spannenden Gerichtsszene, in der Athenas Stimmstein den Ausschlag dafür gibt, dass sich Apollons Position durchsetzt. Kann man aus dieser Szene einen Kommentar zu den zeitgenössischen Vorgängen in Athen herauslesen? Anspielungen auf die 462/1 v. Chr. durchgeführten Reformen des Ephialtes, der selbst ermordet wurde, liegen auf der Hand. Die

Einzelheiten indes sind strittig. Bezeichnend ist jedoch das Ende des Stücks, in dem sich die Erinnyen in Eumeniden, in wohlmeinende Geister, verwandeln. Schon Solon hätte ein ähnliches Gedicht schreiben können.

> *Niemals brülle das unersättlichste aller Übel,*
> *der Bürgerkrieg* (stásis), *durch diese Stadt,*
> *das wünsche ich ihr,*
> *und hat der Staub einmal*
> *das schwarze Blut der Bürger getrunken,*
> *so fordere er nicht in rasender Rachsucht –*
> *Mord für Mord –*
> *Vergeltung in der Stadt*
>
> (Aischyl. Eum. 976–982; Übers. P. Stein),

singt der Chor am Ende. Die endlose Kette von Rache und Gegenrache, welche die Gemeinde in ihrer Existenz bedroht, ist durchbrochen.

4.5. Griechen gegen Griechen: Der Peloponnesische Krieg

Dass wir vom Peloponnesischen Krieg (431–404 v. Chr.) als einer Einheit sprechen, verdanken wir Thukydides, der sein Werk diesem Krieg als «gewaltigster Erschütterung [...] unter den Menschen überhaupt» gewidmet hat (Thuk. 1,2). Bis zum Jahr 411 v. Chr., in dem seine Darstellung abbricht, sind wir von seiner athenozentrischen Interpretation abhängig, die sowohl im Hinblick auf die analytische Schärfe als auch schlicht deshalb, weil es keine anderen Beschreibungen gibt, als Solitär zu gelten hat. Wenn Thukydides vom «Krieg der Peloponnesier und Athener» spricht (Thuk. 1,1), ist damit kein Krieg gemeint, der sich auf die Halbinsel Peloponnes beschränkt hätte. Vielmehr involvierte dieser Krieg zahlreiche Gebiete überall im griechischen Raum, ließ Gemeinden auch fern der großen Kriegsschauplätze erbeben, weil Positionierungen für die eine oder andere Parteiung intern mit der Vorherrschaft von elitären Gruppierungen oligarchischer oder demokratischer Couleur einhergingen. Ungefähr 90 *stáseis* erschütterten die griechische Welt in dieser Zeit. Thukydides bündelt unter dem Etikett des Peloponnesischen Krieges den Archidamischen Krieg (431–421 v. Chr.), die auf den Nikiasfrieden folgende, prekäre offizielle Friedensphase (421–413) und den Dekeleischen Krieg (413–404). Alternativ hätte man auch den Ersten Peloponnesischen Krieg (461–445) mit dem Archidamischen Krieg (431–421) zusammenfassen und den Dekeleischen an den Korinthischen Krieg (395–387/6) koppeln können. Denn weder vor noch nach dem Peloponnesischen Krieg lassen sich längere Phasen ausmachen, in denen Griechen nicht in verschiedenen Koalitionen gegen Griechen gekämpft hätten.

Gewachsen war der athenisch-spartanische Dualismus aus Konkurrenz um die Hegemonialstellung im griechischen Raum während der *Pentekontaëtie*, den 50 Jahren zwischen dem Ende der Perserkriege und dem Beginn des Peloponnesischen Krieges. Mit Athens Seebundflotte und Spartas durch den Peloponnesischen Bund genährtem Landheer standen sich in der Tat zwei grundverschiedene Machtblöcke gegenüber. Damit ging jedoch keineswegs die Intention einher, eine Entscheidung in der Schlacht zu suchen. Entsprechend versuchten einflussreiche Gruppierungen auf beiden Seiten bis zuletzt, einen Kriegsausbruch zu verhindern. Der Archidamische Krieg, der nach dem alljährlich mit seinen Truppen in Attika einfallenden spartanischen König Archidamos benannt wurde, verdeutlicht, dass man genau dies vermied, weil die grundverschiedenen militärischen Konstellationen zu einer Pattsituation führten. Zwar versuchte Archidamos, die Athener durch die alljährlichen Verwüstungen in Attika zu einer Landschlacht zu reizen, aber Letztere ließen sich nicht darauf ein, bauten vielmehr durch die Langen Mauern Athen zu einer über den Hafen autarken Festung aus, die auch die Landbevölkerung periodisch aufnahm, und führten ihrerseits Kaperzüge auf der Peloponnes durch, indem sie mal hier, mal dort mit ihren Flotteneinheiten anlandeten. Bereits 446 v. Chr. hatten Athen und Sparta einen Dreißigjährigen Frieden geschlossen, weil Krieg beiden Parteiungen aussichtslos erschien. Ähnlich sollte es am Ende des Archidamischen Krieges nach zehn Jahren Zermürbungstaktik aussehen: Im Nikiasfrieden versprach man sich, die gegenseitigen Machtsphären zu respektieren. In dieser Hinsicht waren das Leid und die Zerstörungen der vorausgegangenen Jahre ergebnislos geblieben.

Warum kam es überhaupt zum Krieg? Thukydides vertritt die These, dass Spartas Angst vor dem Machtzuwachs Athens «wahrster Grund» dafür gewesen sei (Thuk. 1,23,6). Bereits in den involvierten Volksversammlungen wurde die Frage nach Krieg oder Frieden viel diskutiert. In verschiedenen Kriegsphasen zeichnet sich sowohl in Sparta als auch in Athen immer wieder ab, dass die jeweilige Bürgerschaft gespalten war und dass einzelne Politiker sich aus ganz verschiedenen Motiven eher zurückhaltend oder eher kriegstreibend verhielten. Primäre Interessensphäre Spartas war die Peloponnes. Insofern interessierten Sparta die Konfliktherde um Korkyra, Poteidaia und Megara, die letztlich entscheidend für den Kriegsausbruch waren, nur indirekt, weil dort die Interessen der Flottenmacht Korinth als wichtiger Bündner Spartas mit jenen des Attischen Seebunds im Hinblick auf Einflusssphären, Seehandelsrouten und Ressourcen kollidierten. Korinth und andere Partner Spartas im Peloponnesischen Bund waren es denn auch, die Sparta zum Krieg drängten. Auf athenischer Seite hat man Perikles bisweilen der Kriegstreiberei bezichtigt, was nicht mit dem Bild des besonnenen Staatsmannes zusammenpasst, das Thukydides von ihm zeichnet und das im Gegensatz zu Charakterisierungen späterer Demagogen wie Alkibiades steht, der sich u. a. als Gegenspieler des gemäßigteren Nikias über den Krieg profilierte. Das Ansinnen, die Macht des Seebunds in der Ägäis zu erhalten, dürfte allerdings jeden athenischen Politiker angetrieben haben. Alles andere wäre vor der Volksversammlung kaum akzeptiert worden, und nur über die Vergrößerung des Imperiums meinte man, sich als wahrer *áristos* zu erweisen. Auch deshalb wurde Athen zur *pólis týrannos*, die Abfallbewegungen von Bündnern wie Mytilene auf Lesbos oder der Insel Melos mit brutaler Gewalt zu ahnden bereit war. Insofern liegt eine tiefere Kriegsursache tatsächlich im Machtzuwachs Athens begründet, weil

Machtstreben Machtzuwachs herbeiführt und einmal gewonnene Macht den Machthaber zwingt, seine Macht zu erhalten. Athens Machtstreben und Machtzuwachs waren aber weder mit korinthischen noch, zumindest indirekt, mit spartanischen Interessen vereinbar.

Zermürbender Kleinkrieg bestimmte den Archidamischen Krieg. Insbesondere die Zivilbevölkerung hatte unter verwüsteten Ernten und Übergriffen zu leiden. In Attika musste man alljährlich, wenn die Peloponnesier einfielen, Land und Hof zurücklassen und sich hinter die Langen Mauern flüchten. Da hatten Seuchen leichtes Spiel. Bereits 430/29 v. Chr. raffte die Pest in Athen große Teile der Bevölkerung dahin, darunter Perikles als berühmtestes Opfer. Thukydides beschreibt ihr Wüten als das Aussetzen von Zivilisation. Und Aristophanes verleiht der kriegsmüden Bevölkerung in seiner im Frühjahr 425 v. Chr. aufgeführten Komödie *Acharner* durch die Figur des Bauern Dikaiopolis eine Stimme.

Im selben Jahr schien sich das Blatt für Athen zwar zu wenden, als man an der Pylos vorgelagerten Insel Sphakteria eine beachtliche Anzahl Spartiaten einkesselte. Aber aus der Gesamtsituation ging niemand als Sieger hervor. Der Nikiasfrieden von 421 v. Chr. war fragil, weil sich weder Athener noch Spartaner beeilten, ihn umzusetzen, und weil ihn verschiedene spartanische Bundesgenossen erst gar nicht anerkannten. In Athen ging Alkibiades gegen Nikias als den Architekten dieses Friedens auf Konfrontations- und Kriegskurs. Neben dem gut aristokratischen Bestreben, der Beste zu sein, mag ihn auch die Überzeugung angetrieben haben, Athen sei in diesem Frieden schlecht davongekommen. Die Konkurrenzsituation spitzte sich offenbar so bedrohlich zu, dass man 417/6 v. Chr. zu einem aus den Perserkriegen altbekannten Mittel griff: dem *Ostrakismos*. Er wurde zum letzten Mal praktiziert. Denn Nikias und Alkibiades hebelten die Institution erfolgreich aus, indem sie kooperierten, um sich selbst vor dem Exil zu retten, und mit Hilfe ihrer *Hetairien* (Kampfbünde) bewirkten, dass der Antragsteller des Ostrakismos selbst ostrakisiert wurde.

Wie sehr der Krieg die innere Ordnung gefährdete, zeigte sich bald darauf erneut am Hermenfrevel: Kurz bevor 415 v. Chr. eine riesige athenische Armee zu einer äußerst umstrittenen Fahrt nach Sizilien aufbrechen sollte, schlug man den Hermen der Stadt – Weihgeschenken an den Gott Hermes, bärtige Männerköpfe mit einem aufgerichteten Phallos, die an Häusern und Wegkreuzungen Schutz verleihen sollten – in einer Nacht Gesichter und Genitalien ab. Die Bevölkerung war verunsichert und sollte es sein. Schließlich waren die religiöse und politische Ordnung untrennbar miteinander verwoben. Wer sich an Hermes als dem Gott des Geleits verging, warf ein schlechtes Licht auf die bevorstehende Ausfahrt der athenischen Flotte. Aber sie lief dennoch zur Sizilienexpedition (415–413) aus. Diese endete in einer Katastrophe, in der ca. 45 000 Athener und Bundesgenossen ihr Leben ließen und von der sich Athen bis zum Kriegsende nicht mehr erholen sollte.

Im Dekeleischen Krieg (413–404) knüpften die Spartaner an altbekannte Taktiken an, nur dass sie diesmal dauerhaft eine Garnison in die Festung Dekeleia legten, um von dort die Verwüstung attischen Landes zu betreiben. Der Hauptkriegsschauplatz befand sich jedoch in der Ägäis, weil Athen dort gegen abtrünnige Bündner um seinen Seebund kämpfte und weil die Spartaner begannen, sich mit persischer Finanzierung eine eigene Flotte aufzubauen. Mit der Schlacht von Aigospotamoi 405 v. Chr. sollten die letzten Kriegshandlungen ebenfalls in diesem Seegebiet stattfinden.

Zunehmend unterwanderte der Krieg die innere Ordnung der Polis Athen. Als Reaktion auf die sizilische Katastrophe folgte 411 v. Chr. ein oligarchischer Umsturz. Die Agitation des Alkibiades mit Rückendeckung des Perserkönigs fiel auf fruchtbaren Boden, weil die Oberschicht aufgrund von Sondersteuern und kostspieligen *Trierarchien* (der Finanzierung von Trieren) murrte und sich nach der Niederlage in ihren antidemokratischen Ressentiments bestätigt sah. Die Losung von der Rückkehr zu den Gesetzen der Väter (*pátrioi nómoi*) erschien zunächst vertrauenerweckend, aber die Anführer des 400-köpfigen Gremiums, das die Geschicke der Stadt bestimmte, übte seine Macht vor allem durch den Terror von *Hetairien* und politische

Morde aus. Auch da sich Friedenshoffnungen nicht erfüllten, konnte sich das Regime nicht halten. Eine erste Prozesswelle rollte über Athen, und Alkibiades wurde wieder Demokrat.

406 v. Chr. gingen die Athener wider Erwarten siegreich aus der Schlacht an den Arginusen hervor. Da man aber die Besatzung der 25 zerstörten athenischen Schiffe nicht hatte retten können, stellte man die Strategen in Athen vor Gericht und verurteilte sie in einem verkürzten Prozess zum Tode. Das war für Kritiker der Demokratie ein gefundenes Fressen. Als Athen 404 v. Chr. kapituliert hatte, ergriffen Oligarchen ihre zweite Chance. Das Regime der Dreißig entpuppte sich jedoch schnell als Terrorregime, in dem sich radikale Oligarchen unter Kritias von gemäßigteren absetzten und auch diese ermordeten. Schließlich spaltete sich Athen in zwei Gemeinwesen: ein demokratisches mit Sitz in Athen-Stadt und ein oligarchisches in Eleusis, das 400 v. Chr. aufgab.

Wie sollte man mit dem gerade überstandenen Terror, wie mit all den Wunden verfahren, die der Krieg der Polis geschlagen hatte? Man entschied sich zwar für eine Amnestie, aber diese war nicht mit Amnesie gleichzusetzen. Vielmehr rollte erneut eine Prozesswelle über Athen. Durch das ständige Abwägen von Schuldfragen verarbeitete man die jüngste Vergangenheit und schuf damit innenpolitisch eine Basis für einen Neuanfang.

Im Jahre 399 v. Chr. fand in Athen ein Prozess statt, der die wiedererrichtete Demokratie zumindest universalgeschichtlich betrachtet in Misskredit brachte: der Prozess gegen den Philosophen Sokrates, in dessen Folge er den Schierlingsbecher trinken sollte.

In den Augen vieler Athener war Sokrates ein komischer Kauz von silenartigem Aussehen, der nicht nur dem Ideal des Schönen und Guten (*kalokagathía*), sondern jeglichen Konventionen entgegenlief. Obwohl er selbst sich nicht zu den Sophisten, also jenen Wanderlehrern zählte, die gegen Geld unterrichteten und das schwächere Argument zum stärkeren machten, reihte man ihn, der auf der Suche nach Wahrheit mit seinen bohrenden Fragen alle Gewissheiten anzweifelte, in diese Bewegung ein. Angeklagt wurde er, weil er nicht an die Götter der

Stadt, sondern an andere Götter, an daimonische Wesen glaube und weil er die Jugend verführe (Diog. Laert. 2,40). Dass er unter seinem Daimonion eine innere Stimme verstand, die keineswegs mit den Polisgöttern kollidieren musste, verdeutlichen seine bekannten letzten Worte: «Wir müssen dem Asklepios einen Hahn opfern. Spendet ihn und versäumt es nicht», heißt es bei seinem Schüler Platon (Plat. Phaid. 118 a). Dieser stilisierte den Lehrer zum unbeugsamen Wahrheitsdiener und frommen Mann. Aber man darf nicht unterschätzen, welche Bedeutung die beiden Anklagepunkte in einer destabilisierten Nachkriegsgesellschaft hatten, die durch Gesetzeskodifikationen, politisch-institutionelle Änderungen, die Suche nach einem Einvernehmen mit den Göttern und in der Hoffnung auf die nächste Generation neue Fundamente zu gießen bemüht war. Platon verschweigt die politischen Implikationen, die der Prozess gehabt haben muss. Denn Sokrates gehörte sowohl im Jahre 411 als auch im Jahre 404 zu den Privilegierten, denen von den Machthabern kein Unheil drohte. Schließlich war Kritias, einer der dreißig Tyrannen, sein Schüler. Allein das hätte Zeitgenossen womöglich ausgereicht, ihn für das Wüten dieses athenischen Robespierre zur Verantwortung zu ziehen. Aus universalgeschichtlicher Perspektive dagegen war der Tod des Philosophen Sokrates ein Skandal.

4.6. Wechselnde Hegemonien: Athen, Sparta, Theben und Makedonien

Im 4. Jahrhundert reihte sich Krieg an Krieg. Athen erholte sich zwar erstaunlich schnell nach der Niederlage im Peloponnesischen Krieg und profitierte von Spartas Schwäche, so dass bereits 377 v. Chr. der Zweite Attische Seebund gegründet wurde; aber die Rolle einer Ordnungsmacht im griechischen Raum vermochte die Polis nicht mehr auszuüben. Diese Funktion übernahmen am Ende des Korinthischen Krieges die Perser. Im Königsfrieden von 386 v. Chr. wurden Prinzipien formuliert, welche die folgenden Jahrzehnte bestimmen sollten: allgemeiner Friede (*koinē eirēnē*) und Selbstbestimmung nach innen (*auto-*

nomía), die mit dem Ruf nach Freiheit (*eleuthería*) von Fremdbestimmung einherging. Der Königsfriede war allerdings nicht der letzte Friedensschluss, der die Durchsetzung dieser Prinzipien anmahnte.

Sparta eignete sich schon deshalb nicht zur Schutzmacht der Poleis im Ägäisraum, die sich von Athens Oberherrschaft befreit hatten, weil es mit strukturellen Problemen in der eigenen Bürgerschaft zu kämpfen hatte. In der Schlacht von Leuktra 371 v. Chr. wurde Sparta zu Lande so vernichtend durch ein Heer unter der Führung des Thebaners Epaminondas geschlagen, dass die Stadt ihrer Suprematie über die Peloponnes verlustig ging. Messenien demonstrierte mit Messene als neuer Polis genauso Unabhängigkeit wie Arkadien, das sich, wenn auch nur kurzfristig, zu einem Koinon zusammenschloss und in Megalopolis ein Bollwerk gegen Lakonien errichtete. Aber auch das kurzfristig so durchsetzungsstarke Theben hielt sich keine zehn Jahre als Hegemonialmacht. Angesichts all dieser wechselnden Koalitionen fällt es schwer, die Geschichte dieser Zeit als Griechische Geschichte zu konzipieren, wenn man nicht genau dieses Unvermögen, gemeinsam als Hellenen zu handeln, ins Zentrum rückt.

Thebens Hegemonie endete mit der Schlacht von Mantineia 362 v. Chr. In das Vakuum sollte schließlich mit den Makedonen eine Macht aus dem Norden vorstoßen. Im Versuch, sich gegen diese Eindringlinge zu positionieren, entdeckten die Griechen wieder das, was sie als Hellenen verband. Erneut war es der Kampf gegen einen äußeren Feind, der Gemeinsamkeiten in den Vordergrund rückte. Aber für eine Koalition, die Griechenland vor der Oberherrschaft der Makedonen hätte bewahren können, reichten diese Ambitionen nicht aus. Im letzten Satz seiner *Hellenika* zieht Xenophon angesichts der Schlacht von Mantineia ein düsteres Fazit: «und indem jede von beiden behauptete, gesiegt zu haben, besaß doch offenkundig keine von beiden weder an Land noch an Städten noch an Macht auch nur das Geringste mehr als vor der Schlacht; aber Unordnung und Verwirrung wurden nach der Schlacht in Hellas noch größer, als sie vorher waren» (Xen. Hell. 7,5,27; Übers. G. Strasburger).

5. Eine neue Oikoumene: Der Hellenismus

5.1. Hellenismus: Lebensstil, Weltalter, Epoche

Die Epochenbezeichnung Hellenismus ist zwar modernen Ursprungs, aber der Begriff *hellēnismós* wurde bereits um 300 v. Chr. verwendet. Zunächst bezog er sich auf den korrekten Gebrauch der griechischen Sprache, bevor sich sein Bedeutungsspektrum auf die Aneignung eines griechischen Lebensstils weitete (2 Makk 4,13) und damit sprachliche, kulturelle und religiöse Konnotationen annahm. So versteht der Autor des in der vorliegenden Form in der zweiten Hälfte des ersten Jahrhunderts v. Chr. verfassten *Zweiten Makkabäerbuches* unter *hellēnismós* die Einrichtung eines Gymnasions als griechischer Bildungsstätte, welche die Juden vom Tempel und ihren Gesetzen entfremdet habe (2 Makk 4,10–15). Im Neuen Testament gelten Griechisch sprechende Juden (Apg 9,29), Judenchristen (Apg 6,1) und Nichtjuden (Apg 11,20) als ‹Hellenisten›, deren Bekehrung zum christlichen Bekenntnis darauf beruhte, dass die Apostel Institutionen und Gepflogenheiten des griechischen Kulturraums nutzten.

An dieses Bedeutungsspektrum knüpfte der Historiker Johann Gustav Droysen an, indem er den Begriff Hellenismus 1836 in seiner *Geschichte des Hellenismus* als Bezeichnung für eine ganze Epoche verwendete: für die Epoche von Alexander dem Großen bis zu Kleopatra VII. (336–30 v. Chr.). Für ihn kam der griechischen Kultur, die sich infolge des Alexanderzuges weit in den Orient hinein verbreitet hatte, die welthistorische Aufgabe zu, die Menschen ihre Erlösungsbedürftigkeit erkennen zu lassen und damit den Weg für den Siegeszug des Christentums zu bereiten: «So offenbarte es sich, dass die Zeit lokaler und nationaler, das heißt heidnischer Religionen vorüber, dass die endlich sich einigende Menschheit einer einigen und allgemeinen Religion bedürftig und fähig sei», heißt es im ersten Band seiner *Geschichte des Hellenismus* (4. Buch, 2. Kapitel).

Der Epochenbegriff hat sich gehalten, obwohl sich die Forschung inzwischen von Droysens geschichtsphilosophischen Prämissen distanziert hat. Hellenismus steht heute für die Verbreitung und Adaption griechischer kultureller Praktiken, für die über Jahrhunderte andauernden Akkulturationsprozesse, die durch Alexanders Eroberungszug sowie die Etablierung der Nachfolgereiche ausgelöst wurden und sich schließlich unter dem Imperium Romanum nicht nur bis nach Indien und Ägypten, sondern auch in den westlichen Mittelmeerraum hinein auswirkten.

Zwar hatte Hellenisierung im Sinne einer Ausbreitung griechischer Kultur schon in der Archaik stattgefunden. So beeinflussten z. B. die griechischen Poleis in Unteritalien und Sizilien die Kultur der Etrusker. Aber die Folgen des Alexanderzuges waren insofern von anderer Dimension, als nun eine griechisch-makedonische Elite in vielen Weltregionen das Sagen hatte, die zuvor kulturell anders geprägt gewesen waren. Epochale Bedeutung hatte Alexander außerdem aus Sicht der größten jüdischen Gemeinde der hellenistischen Welt außerhalb Jerusalems im ägyptischen Alexandria. Die florierende Stadt war von Alexander gegründet worden und verehrte ihn, wie sich die in Ägypten herrschenden Ptolemäer insgesamt mehr als andere Nachfolgereiche auf ihn als ihren Gründer beriefen. In diesem Umfeld bezogen dort verwurzelte Juden Prophezeiungen aus dem alttestamentarischen Buch *Daniel* (Kap. 2; vgl. 7 und 8) auf Alexander, wodurch er einen Platz in der gottgewollten Abfolge der Weltreiche erhielt. Diese Lehre von den Weltaltern als einander ablösender Weltreiche, auch Vier-Reiche-Lehre genannt, sollte später auf die Römer ausgeweitet werden (vgl. z. B. Vell. 1,6,6) und als Theorie der *translatio imperii*, also einer Übertragung der Herrschaft von den Römern auf die Franken und schließlich auf das Heilige Römische Reich deutscher Nation, Geschichtsbilder bis in die Neuzeit prägen.

5.2. Alexander-Bilder: Historische Größe als Rezeptionsphänomen

Hegelianisch geschult, sah Droysen in Alexander III. von Makedonien, der schon in der Antike ‹der Große› genannt wurde (Plaut. Most. 775), einen Vollstrecker des Weltgeistes, der die Menschheit auf die nächste Stufe gehoben habe. Dieses positive Bild von Alexander als einem Weltbeglücker wirkt bis in die Gegenwart nach. Seine Verklärung begann bereits zu seinen Lebzeiten. Da überlieferte historiographische Quellen zu einem Großteil auf den Texten beruhen, die bereits während des Alexanderzuges im engsten Umkreis des Makedonenkönigs verfasst wurden, schrieb der Sieger im doppelten Sinne Geschichte. An Alexanders Persönlichkeit kommen wir folglich auch über psychologisierende Passagen wie in Plutarchs Alexander-Biographie kaum heran. Ähnliches gilt für materielle Quellen wie die Alexanderbüste des Leochares, die der Bildhauer um 338 v. Chr. im Auftrag von Alexanders Vater Philipp II. als Bestandteil einer für die Präsentation der makedonischen Königsfamilie in Olympia gedachten Gruppe gestaltete. Ein Händler preist eine Replik im Internet mit folgenden Worten an: «Der Wille zur Macht ist dem titanischen lockigen Jüngling mit dem in weite Ferne gerichteten Blick, geöffneten begehrlichen Lippen und dem energischen Kinn an die erhabene Stirn geschrieben.» Dass Interpreten ihre eigenen Alexanderbilder in Abbildungen hineintragen, zeigen auch die konträren Interpretationen des berühmten Alexander-Mosaiks, das man 1831 im pompejanischen ‹Haus des Fauns› gefunden hat. Während die einen im Alexander dieser Abbildung einen dynamisch vorwärtsdrängenden Kriegsherrn erkennen, der seine Makedonen gegen die zahlenmäßig überlegenen Perser führe, betonen die anderen, dass eigentlich der sich nach vorne lehnende Perserkönig Dareios im Zentrum der Abbildung stehe, dass Alexanders Pferd Bukephalos angriffsunwillig erscheine und dass Alexander seinen Helm verloren habe, kurz: dass er die Lage nicht im Griff habe.

Urteile über das Wirken des Makedonenkönigs changieren zwischen Bewunderung und Verachtung, je nachdem, welche

Beurteilungskategorien und Menschenbilder man zugrunde legt. Das gilt schon für seine Zeitgenossen, deren Alexanderbilder vom übermenschlichen Heros des Kallisthenes bis zum wahnsinnigen und mordlustigen Trunkenbold des Ephippos reichen. Unter moralischen Gesichtspunkten sticht hervor, dass unzählige Massaker an Freund und Feind seinen Weg säumten. Richtet man das Augenmerk auf die Langzeitfolgen seines Agierens, dann hat sein Eroberungszug (334–323 v. Chr.) in der Tat welthistorische Veränderungen bewirkt. Deshalb einen Weltbeglücker in ihm zu sehen, der die Verschmelzung verschiedener Kulturen zu einer Menschheit bewirkt habe, wie W. W. Tarn dies in den 1920er und 1940er Jahren tat, fiel nach dem Zweiten Weltkrieg schwer. Stattdessen rückte man seine psychopathischen und dämonischen Züge in den Vordergrund, so dass das Bild einer apokalyptischen Größe (B. Bosworth, F. Schachermeyr) entstand.

Was trieb ihn an? Strebte er nach Weltherrschaft? Zunächst einmal trat der gerade Zwanzigjährige das Erbe seines Vaters Philipp II. an, der Makedonien stark gemacht hatte und der 336 v. Chr. ermordet wurde. Philipp II. war 338 v. Chr. nach seinem Sieg über die verbündeten Griechen bei Chaironeia zum Hegemon des von ihm gegründeten Korinthischen Bundes geworden, unter dessen Dach sich viele Griechen zusammenschlossen, nicht jedoch die Spartaner. Im Rahmen des Korinthischen Bundes legitimierte Philipp II. eine avisierte Kampagne gegen die Perser als Rachekrieg für die in den Perserkriegen des frühen 5. Jahrhunderts insbesondere an Athen verübten Untaten. Alexander erbte dieses Kriegsmotiv, war damit jedoch keineswegs als Grieche anerkannt, sondern musste sich in der wie stets notorisch zerstrittenen griechischen Welt etablieren. Der Athener Demosthenes hatte mit höchster Redekunst versucht, eine antimakedonische griechische Koalition zu schmieden, aber die kriegerischen Mittel reichten nicht aus, um die makedonische Hegemonie zu verhindern. Dass viele Griechen die Makedonen als *Barbaren* ansahen, spiegelt sich noch in der Alexander prinzipiell verherrlichenden Alexander-Vita des Plutarch, in der die Makedonen Wein nicht nur im Wettkampf, sondern vor allem ungemischt konsumieren (Plut. Alex. 70,1) – ein für griechische Gepflogenheiten unerhört unkultiviertes Verhalten. Paradoxerweise sollte ausgerechnet ein Makedone, der seinen Status als Anführer der Griechen zeitlebens behaupten musste, zum Wegbereiter des Hellenismus werden.

Alexander stützte sich in erster Linie auf seine *hetaíroi* (Gefährten), überwiegend makedonische Adlige aus seinem direkten Umfeld. Aber er war von Anfang an auch auf griechische Bundesgenossen und Söldner angewiesen, weshalb er den Korinthischen Bund mit ihm als Hegemon erneuerte; Sparta blieb dem Bündnis abermals fern. Der fortschreitende Eroberungszug erforderte es, dass man mit Kriegern und Eliten immer fernerer Völkerschaften kooperierte und diese in die Machtstrukturen integrierte. Dabei unterlag die neu entstehende *Oikoumene* in erster Linie dem Primat der Macht. Wer sich sträubte, wurde gebeugt oder eliminiert, wie es die Exempla verdeutlichen, die der König 335 v. Chr. am boiotischen Theben und 332 v. Chr. am phoinikischen Tyros statuierte: Deren männliche Bewohner metzelte er nieder, Frauen und Kinder verkaufte er in die Sklaverei und machte Theben dem Erdboden gleich. Als schließlich der spartanische König Agis III. 331 v. Chr. eine antimakedonische Allianz schmiedete und mehrere Poleis der Peloponnes zum Abfall von Alexander motivierte, schickte dieser seinen Getreuen Antipater, dem die koalierenden Griechen bei Megalopolis unterlagen.

Trotz aller Differenzen war Alexander auch Grieche und wollte es nicht allein aus machtpolitischem Kalkül sein, um willige Kämpfer für den Rachekrieg hinter sich zu scharen. Durch Aristoteles, seinen Hauslehrer, war er als junger Mensch in griechischem Denken unterwiesen und darin sozialisiert worden; daraus resultierte eine tiefe Vertrautheit mit der Welt der homerischen Helden. Insofern hat seine der Überlieferung zufolge mythisch aufgeladene Überschreitung des Hellespont 334 v. Chr. und seine Verehrung verschiedener Trojakämpfer an deren Gräbern zu Beginn des Zugs gegen die Perser einen wahren Kern: Alexander inszenierte sich als neuer Agamemnon und Nachfahre Achills, der die unter Xerxes begangenen Frevel an den

Griechen rächen wollte. Achills Leitspruch, immer der Beste zu sein und alle anderen zu übertreffen (Hom. Il. 6,208), war ihm in Fleisch und Blut übergegangen. Inwiefern man deshalb Berichten glaubten sollte, Alexander habe beim Betreten Asiens einen Speer in das Ufer des Kontinents gerammt und damit seinem Anspruch auf ganz Asien, auf das Achaimenidenreich oder zumindest das von Griechen bewohnte Kleinasien als «speererworbenes Land» (*chṓra doríktētos*) Ausdruck verliehen, ist fraglich, zumal unklar bleibt, welche Zielgruppe damit adressiert war. Trat Alexander in dieser Situation als Makedonenkönig oder als Hegemon des Korinthischen Bundes und damit als Sachwalter von Griechen auf, in deren Namen er Kleinasien von persischer Oberhoheit befreite? Auf die ethnische Herkunft gegnerischer Kämpfer nahm er jedenfalls keine Rücksicht. Nach der Schlacht am Granikos 334 v. Chr., in der Alexander ein Aufgebot persischer Satrapen besiegte, lagen 10000 griechische Söldner auf dem Schlachtfeld, mehr, als in den Perserkriegen des 5. Jahrhunderts v. Chr. insgesamt gefallen waren. 2000 Überlebende wurden zur Zwangsarbeit nach Makedonien verschleppt.

Bei seinem Aufenthalt in Phrygien im Winter 334/3 v. Chr. soll Alexander in Gordion den inzwischen sprichwörtlichen Gordischen Knoten gelöst haben. Ein Orakel hatte demjenigen, der dies vollbrächte, die Herrschaft über Asien prophezeit. Wir wissen nicht, ob diese Geschichte inszeniert wurde, um die Soldaten siegesgewiss zu stimmen und für weitere Eroberungen zu motivieren, oder ob Alexander durch den Orakelspruch Selbstbestätigung in einer neuen Rolle als Bezwinger der Achaimeniden suchte. Altbekannte Parolen der griechischen Welt wie Freiheit und Autonomie reichten nun, da er kleinasiatische Griechenstädte z. T., wie im Falle Milets, auch gegen deren Willen befreit hatte, zur Legitimation des Kriegszugs nicht mehr aus. Das Rachemotiv hatte endgültig ausgedient, als er den Herrscher des Achaimenidenreiches Dareios III. 333 v. Chr. bei Issos besiegt, dessen Verhandlungsangebote mehrfach abgelehnt und ihn schließlich aus seinen Kernlanden vertrieben hatte. Mit dem Brand des achaimenidischen Palastes in Persepolis – wohl auch ein Signal an die unter Spartas Führung auf der Peloponnes gegen die makedonische Herrschaft rebellierenden Griechen, noch immer führe er Krieg im Sinne der Griechen –, mit der Einnahme aller persischen Residenzen und dem Tod des Dareios war der Rachezug 330 v. Chr. endgültig beendet. Der Alexanderzug war es nicht.

Der persischen Hochkultur begegnete Alexander, sobald die Familie des Dareios ihm 333 v. Chr. bei Issos in die Hände gefallen war, insofern respektvoll, als er sich zunehmend als Nachfolger des Achaimeniden stilisierte. Da Dareios schließlich ermordet wurde, bot sich ihm ein weiteres Motiv für seine Züge gen Osten an: die Rache an dessen Mördern. Sobald er zum Erben eines antiken Weltreiches geworden war, mag man ihm darüber hinaus unterstellen, dass ihm nun die Weltherrschaft vorschwebte. Antike Quellen sprechen von seinem *póthos* (Verlangen, Sehnsucht; z. B. Arr. an. 2,3,1) als Triebkraft. Das Ausmaß seines Eroberungsdranges sprengte tatsächlich jedes Maß, das die griechische Welt bisher gekannt hatte. Wahrscheinlich hatte er keinen genauen Plan, sondern zog immer weiter, soweit es die geographischen Gegebenheiten erlaubten und solange er seine meuternden Truppen, die er in unerträglichem Maße belastete, irgendwie motivieren konnte. Über die Grenzen des Perserreiches griff er weit hinaus. Er hoffte wohl, bis zum Weltmeer vorzudringen, das nach damaliger Vorstellung bald hinter dem Indus das Ende der Welt markierte. Bis zum Indus kam er, wo ihm das Heer den Weitermarsch verweigerte. Das primäre Ziel einer Vermessung der Welt sollte man ihm zwar nicht unterstellen. Aber die ungeheuren Weiten, die er mit Truppen und Tross durchzog, brachten eine so beachtliche Zunahme an Wissen von fernen Ländern und Völkern mit sich, dass diese Wissensoikoumene in der gesamten Antike nicht mehr wesentlich überschritten werden sollte.

Als er mit denjenigen, die den Zug durch die Wüsten des indischen Subkontinents überlebt hatten, nach Babylon zurückgekehrt war, plante er bereits den nächsten Eroberungszug, diesmal nach Arabien. Wohl wollte er siegreich sein, solange es Siege in Teilen der zivilisierten Welt, die seiner Herrschaft noch nicht unterstanden, zu erringen gab. Aber der Tod vereitelte weitere Expeditionen. Alexander starb 323 v. Chr. Waren Mord, Trunksucht oder eine Infektion die Ursache? Entsprechende Hypothesen hängen an Alexanderbildern. Die Todesursache ist so ungeklärt wie sein Erbe es war. Als er verschied, war seine Herrschaft weder dynastisch noch als Reich verstetigt. Der Kampf um seine Nachfolge begann.

5.3. Vom Alexanderzug zur Etablierung hellenistischer Reiche: Die Erprobung neuer Herrschaftsformen

Die Geschichte der *Diadochen*, also derjenigen Mitstreiter Alexanders, die ihm in der Herrschaft nachfolgten oder zumindest nachfolgen wollten, bestand militärisch genauso wie die Geschichte der hellenistischen Reiche insgesamt aus einer nicht endenden Kette an Kriegen. Imperialistisch waren diese Reiche nicht nach außen, sondern auf dem Boden der ungeheuren Erbmasse des jung verstorbenen Makedonen, um deren Kontrolle man sich wieder und wieder stritt. Kraft ihrer Eroberungen legten sich zwischen 306 und 304 v. Chr. Antigonos Monophthalmos und sein Sohn Kassander im makedonischen Bereich für das Geschlecht der Antigoniden den Königstitel zu, Seleukos I. für den Vorderen Orient von Kleinasien bis nach Baktrien und Ptolemaios I. für den Großraum Ägypten. Mit Seleukos I. starb 281 v. Chr. der letzte Diadoche, aber die von den drei genannten Königen begründeten Herrschaftsgebiete der Antigoniden, der Seleukiden und der Ptolemaier blieben als hellenistische Großreiche bestehen. Noch im Jahre 237 nahm der Statthalter von Pergamon als Attalos I. nach Erfolgen gegen die Galater den Königstitel an. Daneben gab es kleinere Königreiche außerhalb ihrer direkten Einflusssphäre wie Bithynien, Pontos, die Galater und das Bosporanisches Reich, Kappadokien, Armenien, Kommagene, Baktrien, die Parther und Hasmonäer, die teilweise bis in die römische Kaiserzeit existierten und danach strebten, auf einer Stufe mit den Nachfolgereichen Alexanders zu stehen, indem sie auf unterschiedliche Weise Elemente hellenischer Kultur adaptierten. Westliche Gebiete wie Epiros waren von Alexander nicht erobert worden und blieben Ränder der hellenistischen Welt.

Die Königsherrschaften waren personal geprägt und standen über einer kulturell, politisch und ethnisch heterogenen Welt, auf deren spezifische Eigenheiten die Könige reagieren mussten, wollten sie bestehen. So ließ sich Ptolemaios I. wie schon Alexander in Ägypten zum Pharao krönen, Seleukos I. wurde als König von Babylon anerkannt, und die Antigoniden waren schlicht Könige von Makedonien. Trotz aller Unterschiede lassen sich generelle Züge hellenistischer Monarchien ausmachen. Aufbauend auf Max Weber betonen herrschaftssoziologische Ansätze die Bedeutung des königlichen Charismas aufgrund seiner Sieghaftigkeit; daneben sei der König auch traditional und legal legitimiert. Ein anderer Ansatz betont die Bedeutung des institutionellen Rahmens für die Stabilität dieser Herrschaft. Beide Ansätze ergänzen sich. Denn die beiden entscheidenden Säulen funktionierender Herrschaft waren einerseits der Nimbus erfolgreicher Kriegsführung – wobei die Beinamen der Könige zeigen, dass die Dynastien verschiedene Akzente setzten –, andererseits eine geschickte Administration, wofür ein gutes Verhältnis zu den Untertanen unabdingbar war. Dafür griff man auf vorhandene Verwaltungsstrukturen zurück und schuf daneben neue Machtzentren, in denen man Griechen und Makedonen ansiedelte. So konzentrierten sich die Ptolemaier auf Alexandria als neue Residenzstadt, während andere zur Versorgung von Soldaten, aus strategischen oder wirtschaftlichen Erwägungen Städte gründeten und nach sich selbst Antigoneia, Demetrias, Lysimacheia oder Seleukeia benannten.

Im Laufe der Zeit versuchten die meisten Dynastien darüber hinaus, das Charisma der Sieghaftigkeit, die über das Konzept der *chṓra doríktētos* außerdem göttlich legitimiert war, durch Gentilcharisma – die Abstammung von großen Vorfahren – abzusichern, weil Herrscherwechsel stets prekär sind. Das Gefälle zwischen König und Untertanen markierte man schließlich durch die Demonstration unermesslichen Reichtums. Entsprechend wurde der Palast von Alexandria mindestens einmal im

Jahr dem Publikum geöffnet; prunkvolle Feste und der Ruhm dort tätiger Wissenschaftler sollten auf deren Förderer zurückfallen.

Innerhalb der Reiche erzeugte der Herrscherkult eine homogenisierende Wirkung. Was in der Oase Siwa als Orakelstätte des von Griechen mit Zeus gleichgesetzten Ammon geschah, als Alexander sie im Frühjahr 331 v. Chr. aufsuchte, ist der Überlieferung nicht mehr zu entnehmen. Wahrscheinlich hießen die dortigen Priester Alexander als Pharao willkommen. Alexanders Hofschreiber Kallisthenes inszenierte den Besuch als Episode voller Wunder und Vorzeichen, die in der Begrüßung Alexanders als Sohn des Zeus-Ammon gipfeln (FGrH 124 F 14a = BNJ 124 F 14a = Strab. 17,1,43). Als neuer Pharao, der altangestammten Institutionen wie dem Orakel von Siwa Reverenz erwies und Restaurationsarbeiten in Kultzentren des Landes förderte, schrieb sich Alexander in jahrtausendealte lokal-ägyptische Traditionen ein und gewann die mächtige ägyptische Priesterschaft für sich.

Griechische Orakel in Kleinasien verkündeten zu dieser Zeit ebenfalls, dass Alexander ein Sohn des Zeus sei. Dass sich Alexander väterlicherseits auf den Zeus-Sohn Herakles zurückführte, dass er sich als Held stilisierte und damit in die Nähe der Götter rückte, wie es Münzserien bezeugen, die auf der Vorderseite Herakles und auf der Rückseite Zeus abbilden, war aus griechischer Sicht nichts Ungewöhnliches. Allerdings war die Frage, wie man sich Alexander gegenüber verhalten sollte, in den Poleis Zentralgriechenlands so umstritten, wie es verschiedene Poleis untereinander und innerhalb ihrer Bürgerschaften waren. Entsprechende Debatten erreichten ihren Höhepunkt, als Alexander 324 v. Chr. über ein Verbanntendekret anordnen ließ, dass mit der Ausnahme von Verbrechern alle, die aus einer griechischen Polis verbannt worden seien, in ihre Heimatstädte zurückkehren dürften. Was ihn zu dieser Maßnahme motivierte, wissen wir nicht. Die betroffenen Poleis sahen alarmiert neuen *stáseis* entgegen und reagierten darauf, indem sie Tempel und Altäre für Alexander errichteten. Wahrscheinlich geschah dies aus Eigeninitiative der Städte, die Alexander auf diese

Weise für sich einzunehmen gedachten. An diesem vorauseilenden Gehorsam zeigt sich ein Charakteristikum des Herrscherkultes, das noch die Verehrung der römischen Kaiser prägen sollte: Man diente sich dem Übermächtigen an, um nach dem Prinzip des *Do ut des* im Gegenzug Wohltaten oder zumindest die Wohlgefälligkeit des Herrschers zu erfahren. Abgesehen davon, dass Alexander offenbar gern als göttliches Wesen anerkannt werden wollte, was sich u.a. an seinen Auftritten mit einer Kappe aus Bockshörnern, den Abzeichen seines göttlichen Vaters Zeus-Ammon, offenbarte, dürfte er diese Kulte als politisches Instrument der Befriedung begrüßt haben. Denn solche Kulte gewährleisteten am ehesten eine Unterwerfung, die er ansonsten von den Griechen kaum zu erlangen gehofft hätte.

Vor dem Hintergrund unterschiedlicher kultureller Prägungen und Ausdrucksformen, mit denen man einem Menschen gegenübertrat, der ungeheure Macht über diverse Ethnien und Staaten errungen hatte, entwickelten sich aus solchen Episoden neue Formen der Herrscherverehrung, die man unter den Kollektivsingular vom hellenistischen Herrscherkult subsumiert. Regional stößt man auf unterschiedliche Ausprägungen. Im ägyptischen Alexandria entwickelte sich um die Leiche Alexanders, die dort ihre letzte Ruhestätte fand, ein Kult der regierenden Dynastie der Ptolemaier. In der Folgezeit wurden ptolemaische Herrscher teilweise schon zu Lebzeiten vergöttlicht, Königinnen an die ägyptische Isis assimiliert, während griechische Untertanen in Ägypten Ptolemaierinnen an Aphrodite und Demeter anglichen. Kleopatra VII. – die letzte Ptolemaierin (69–30 v. Chr.) – reagierte auf diese Traditionen, indem sie als Isis-Aphrodite in Erscheinung trat. Für Antigoniden und Seleukiden spielte Alexander keine Rolle in ihrer Selbstdarstellung. Die Antigoniden verwiesen in Abgrenzung zu Alexanders universalen Herrschaftsansprüchen auf die makedonische Verwurzelung ihres Königtums. Die Seleukiden wiederum begannen ihre Zeitrechnung mit Seleukos I. Insgesamt wurden Herrscherkulte in erster Linie von Griechen, Makedonen und hellenisierten Untertanen ausgeübt. In Babylon opferte man den Seleukiden nicht als Göttern, sondern im Einklang mit altangestammten Traditionen den Göttern für das Leben des Königs. Als Loyalitätsbekundung reichte dies aus. Denn im Hinblick auf die Stabilisierung von Herrschaft stellte der Herrscherkult vor allem eine wichtige Ebene der Kommunikation dar: Mit Dankesgebeten und Preisliedern erwies man demjenigen Reverenz, der sich einer Gemeinde als Wohltäter angenommen hatte. Dieser betrieb als *Euerget* (Wohltäter) Politik, band Untertanen an sich, indem er ihnen Privilegien oder finanzielle Unterstützung zukommen ließ. Als Gegengabe erwartete er Dankbarkeit, die sich als Loblied auf den *euergétēs* (Wohltäter), *ktístēs* (Gründer) oder *sōtḗr* (Retter) äußerte.

Dass Alexander zumindest ansatzweise über einen Eroberungskrieg hinausdachte, zeigt sich an verschiedenen Maßnahmen zur Stabilisierung seiner Herrschaft. Dynastisches Denken legte er an den Tag, als er die in seine Gefangenschaft geratene Familie des letzten Achaimenidenherrschers ehrenvoll behandelte. Als er nach Dareios' Tod Bestandteile des persischen Königsornats übernahm, persisches Hofpersonal einstellte und sich auf den Thron des Dareios setzte, war offensichtlich, dass er dessen Nachfolge angetreten hatte. Für viele Mitstreiter aus seinem engsten Umfeld war dieses Verhalten befremdlich. Das Maß schien überschritten, als Alexander 327 v. Chr. den Versuch unternahm, einen Akt der Verehrung auch für Makedonen und Griechen einzuführen, den bisher nur Perser hatten leisten müssen: die *Proskynese*, den Fußfall vor dem Herrscher. Was für die Perser altangestammter Ritus war, evozierte bei Makedonen und Griechen eine Debatte über Alexanders Göttlichkeit, weil dieser immer mehr die Distanz zu seinen Untertanen hervorhob. Den Fußfall sahen sie als entwürdigend und sklavisch an. Es kam zum Bruch mit einigen seiner ältesten Gefährten, die ihre Gehorsamsverweigerung mit dem Tod bezahlten.

Wahrscheinlich knüpfte Alexander in erster Linie aus herrschaftspragmatischen Gründen an lokale Traditionen an. Wollte er weiterziehen, musste er mit Soldaten und Eliten anderer Regionen kooperieren. Am Ende seines Lebens stellten Iraner die Mehrheit unter den Fußsoldaten, und längst waren baktrische, sogdische, parthische und arachosische Reiter in sein Heer eingegliedert worden. Spektakulär inszeniert wurde die Massenhochzeit von Susa im Jahre 324 v. Chr. Schon 327 v. Chr. hatte er die baktrische Fürstentochter Rhoxane geehelicht, um ihre Herrscherfamilie an sich zu binden. Als er nun im Rahmen eines fünftägigen Festes eine Tochter von Dareios III. sowie eine Tochter von Artaxerxes III. zur Frau nahm – Mehrfachehen waren in Makedonien üblich –, während zugleich mehr als 80 *hetaíroi* Frauen aus dem iranischen Hochadel heirateten, hatte dies nichts mit programmatischer Weltverbrüderung zu tun, sondern mit einer Verschmelzungspolitik, die auf eine neue, von Makedonen und Iranern getragene Funktionselite in Heer und Verwaltung abzielte. Neben der Übernahme von Elementen des persischen Ornats und Hofzeremoniells sowie der Einbindung anderer Eliten versuchte Alexander seine Herrschaft auf Dauer zu stellen, indem er bestehende administrative Strukturen übernahm. An die Spitze setzte er Leute seines Vertrauens als Satrapen, zunächst Makedonen, später zunehmend Iraner. Für die Untertanen vor Ort änderte sich insofern wenig, als die lokale Selbstverwaltung bestehen blieb.

Alexanders Nachfolger knüpften an diese Tendenzen an. Seleukiden und Ptolemaier blieben jedoch trotz allen Bemühens, ihre Herrschaft durch Heiraten abzusichern und das Verhältnis zu den Untertanen durch Integration der indigenen Elite zu stabilisieren, letztlich Fremdherrscher. Immer wieder kam es zu Aufständen in der ägyptischen Thebais, und orthodoxe Juden in Palästina lehnten eine Hellenisierung ihrer Religion ab, was den tieferliegenden Grund für den Makkabäeraufstand von 173 bis 164 v. Chr. ausmachte.

Umso wichtiger war es, den Hof als politisches, administratives, kulturelles, repräsentatives und soziales Zentrum der Königsherrschaft aufzubauen. Im Gegensatz zu Alexander setzten seine Nachfolger wieder mehr auf Griechen als *phíloi* (Freunde), die den Kern der Hofgesellschaft ausmachten. Da die Söhne von *phíloi* erneut zu *phíloi* wurden, entwickelte sich eine Art Hofadel, der nicht nur Hofämter versah und aus dem sich der Thronrat rekrutierte, sondern der über Gesandtschaften in griechische *póleis* stabile persönliche Bindungen an den Hof aufbauen sollte. Die Bedeutung dieser diplomatischen Reisen für königliche Herrschaftsstabilität in der weiterhin notorisch instabilen Welt der griechischen *póleis* kann man ebenso wenig überschätzen wie die kulturgeschichtliche Bedeutung des Hofes als Magnet für politisch Ambitionierte, Wissenschaftler und Künstler, die an ihm um den Preis der Verherrlichung des Herrschers ein finanziell sorgenfreies Leben führten.

Die jüngere Forschung betont im Gegensatz zur älteren die Vitalität der Poleis im Hellenismus. Wenn sie nicht Mitglied im *Koinon* der Achaier, Akarnanen, Aitoler oder Nesioten waren, hatten sie ihre außenpolitische im Gegensatz zur innenpolitischen Gestaltungsmacht zwar weitgehend eingebüßt, aber mit den Königen verband sie ein reziprokes Verhältnis der Abhängigkeit. Zwar stand der König über dem Recht der Städte, seine Anordnungen hatten Gesetzescharakter. Doch konnte man seine Entscheidungen vorbereiten, indem man Gesandte an die Höfe schickte. Wie später die römischen Kaiser auch, wurden hellenistische Herrscher oftmals erst auf Initiative der *póleis* in deren Angelegenheiten hineingezogen. Mitglieder der lokalen Elite spielten als Bindeglied zwischen Hof und Stadt die entscheidende Rolle. Insofern änderte sich deren Stellung in der Stadt zwar nicht institutionell, weil weiterhin Rat und Volksversammlung die Gremien waren, die entschieden. Soziopolitisch und ökonomisch wuchs jedoch die Kluft zwischen Honoratioren und Demos, weil Letzterer von deren *euergetischer*, das Wohl des Gemeinwesens fördernder Tätigkeit vor Ort genauso wie von deren Werbung um die Gunst des Königs abhängig war, der sich ebenfalls als Euerget der Polis erweisen sollte. Zahllose Ehreninschriften bezeugen, dass der in Stein gemeißelte Dank für die Wohltaten des Königs und der lokalen Stifter ein Signum der Epoche darstellt. Die Leistungen der Elite wurden mit immer größeren Ehrungen bedacht. Denn diese trug die Kosten für die Übernahme politischer, militärischer und religiöser Ämter, bezahlte Gesandtschaftsreisen, erstand Getreide bei Ernteausfällen, finanzierte Feste, Neubauten und Renovierungen. Als Kompensation erhielt sie Ehrensitze im Theater (*prohedría*), kostenlose Speisungen, Ehrenstatuen und z. T. kultische Ehrungen. Ob man da von Aristokratisierung oder Plutokratisierung sprechen mag, mit Entdemokratisierung sind diese Entwicklungen jedenfalls nicht gleichzusetzen, obwohl der *dḗmos* an Gestaltungsmacht verlor. Auch Frauen konnten in die Riege der lokalen Euergeten aufsteigen. Und die Poleis brüsteten sich in ihrer Außendarstellung mit deren Prominenz. Der König verlangte Truppen und Abgaben. Im Gegenzug belohnte er Treue mit Unverletzlichkeitsprivilegien (*asylía*) oder Abgabenfreiheit (*atéleia*). Freiheit und Autonomie galten den Städten wie eh und je als hohes Gut. Nicht nur weil griechische Poleis steuerrechtlich bessergestellt waren – sie zogen ihre Steuern selbst ein – als andere Untertanen, versuchten viele indigene Städte, sich ihnen anzugleichen, u. a. dadurch, dass sie sich Gründungsmythen zulegten, die sie in die griechische Geschichte einschrieben.

5.4. «Die Wolke im Westen»: Griechische Geschichte unter römischer Herrschaft

Im Jahre 196 v. Chr. verkündete ein Herold auf den Isthmischen Spielen bei Korinth folgende Botschaft des Feldherrn Quinctius Flamininus: «Der römische Senat und der Prokonsul Titus Quinctius geben nach dem Sieg über König Philipp und die Makedonen den Korinthern, Phokern, Lokrern, Euboiern, Phthiotischen Achaiern, Magnesiern, Thessalern und Perrhaibern die Freiheit mit dem Recht, frei von Besatzung und Tribut zu sein und nach ihren einheimischen Gesetzen zu leben!» (Polyb. 18,46,5, Übers. nach L. Möller). Das war eine Erklärung nach griechischem Geschmack! Frenetisch feierte man die Römer, froh darüber, nun endlich zu wissen, dass es so bleiben würde wie bisher. Mit lokaler Autonomie in Fremdherrschaft kannte man sich aus. Denn die hellenistischen Königreiche waren zu instabil, um dauerhaft eine Gewaltherrschaft zu installieren; auf die Akzeptanz durch die Poleis waren sie angewiesen. Diese wiederum waren zu schwach und uneinig, als dass sie sich gegenüber den Königen hätten unabhängig machen können.

Und so überhäuften die Griechen Flamininus mit Ehren, nannten ihn in der Tradition des hellenistischen Herrscherkultes ‹Retter› und ‹Heiland› (*sōtḗr*).

Wie die Römer agieren würden, war lange unklar – vor allem deshalb, weil sie selbst nicht wussten, wie sie parallel zu den Punischen Kriegen (264–241 v. Chr. / 218–202 v. Chr. / 149–146 v. Chr.) mit dem griechischen Osten als neuem Betätigungsfeld umgehen sollten. Die Griechen hatten die Römer zunächst als «Wolke im Westen» (Polyb. 5,104) wahrgenommen, die in Konflikte der griechischen Welt hineingezogen wurde. Um 200 v. Chr. entstand ein neues Bild von der Stadt am Tiber, deren Aufstieg zur antiken Weltmacht Polybios ein historiographisches Denkmal setzte.

Zunächst wurden die Römer vor allem deshalb jenseits der Ägäis aktiv, weil der Makedonenkönig Philipp V. 215 v. Chr. einen Vertrag mit Hannibal und der Seleukidenkönig Antiochos III. 203/2 v. Chr. einen Geheimvertrag zur Aufteilung des Ptolemaierreiches schloss. Der römische Sieg bei Pydna 168 v. Chr. bedeutete das Ende der makedonischen Monarchie; 148 v. Chr. wurde die Region zur Provinz umgestaltet. Im selben Jahr, in dem auch Karthago dem Erdboden gleichgemacht wurde, besiegten die Römer den Achaischen Bund und statuierten an Korinth als dessen wichtigster Polis ein ebensolches Exempel (146 v. Chr.). Zwar lebte der Bund noch einmal auf, aber griechische Eigenstaatlichkeit war mit diesem Zeitpunkt de facto vorbei; 27 v. Chr. wurden auch Süd- und Mittelgriechenland als Provinz Achaia direkter römischer Herrschaft unterstellt. Die Zeichen der Zeit erkennend, vermachte Attalos III. sein Reich Pergamon 133 v. Chr. den Römern. Kriegerische Auseinandersetzungen mit dem Seleukiden Attalos III. führten im Frieden von Apameia von 188 v. Chr. dazu, dass die seleukidische Herrschaft immer mehr beschnitten wurde, bis Cn. Pompeius Magnus 63 v. Chr. den letzten seleukidischen König absetzte. Westlich des Flusses Euphrat beerbten die Römer die Seleukiden, östlich davon die Parther. Bei Actium schließlich besiegte Oktavian 31 v. Chr. seinen letzten verbliebenen Gegner M. Antonius, der zu seiner Geliebten Kleopatra VII. nach

Ägypten floh. Mit ihrem Selbstmord am 12. August 30 v. Chr. endete die Zeit der großen hellenistischen Königreiche.

Polybios war als hoher Beamter des Achaischen Bundes 168 v. Chr. nach Rom deportiert worden und lernte dort im Haus der Scipionen die römische Nobilität kennen, so wie er selbst als ein wichtiger Vermittler griechischer Kultur gelten darf, dem später viele Vermittler z. B. in ihrer Funktion als Hauslehrer und Vertraute der Oberschicht nachfolgen sollten. Romanisierung und Hellenisierung waren von Anfang an reziproke Prozesse, wobei die Römer große Hochachtung vor den kulturellen Leistungen der Griechen hatten und eigene Kulturtechniken maßgeblich nach griechischen Vorbildern entwickelten. Dank der Griechenstädte in Süditalien und der Etrusker waren Römer seit dem 6. Jahrhundert v. Chr. mit griechischer Kultur vertraut. Im Zuge der Eroberungen der hellenistischen Königreiche entstanden allerdings Symbiosen neuer Dimension. Fabius Pictor, der erste römische Geschichtsschreiber überhaupt, verfasste sein Werk bezeichnenderweise auf Griechisch. Lateinische Komödien des Plautus und des Terenz orientierten sich maßgeblich an der Neuen Komödie des Griechen Menander. Man synchronisierte die eigene Vergangenheit mit griechischer Geschichte, indem man die Vertreibung der Könige und damit den Anfang der Republik ins gleiche Jahr legte wie die Vertreibung der Tyrannen in Athen, als Kleisthenes die Grundlagen für die athenische Demokratie gelegt hatte. Mochte Bildung in der römischen Oberschicht der Republik auch noch kein ausreichendes Distinktionskriterium für Nobilität darstellen, ambitionierte Söhne einflussreicher Familien wurden in ihrer Jugend auf Bildungsreise nach Griechenland geschickt, unter ihnen Caesar und Cicero, dessen Spätwerk man als kulturellen Transfer griechischer Philosophie ins lateinische Denken charakterisieren kann. Nicht zuletzt verankerte man die eigenen Ursprünge über den trojanischen Heros Aeneas in der formativen griechischen Frühgeschichte. Als Troja brannte, soll er seinen alten Vater und die Hausgötter auf den Schultern, seinen Sohn Ascanius bzw. Iulus, auf den man die iulisch-claudische Dynastie zurückführte, an der Hand nach Latium geführt haben, um der Herrschaft der Stadt am Tiber den Weg zu bahnen. Mit der römischen Eroberung des griechischen Raums war der Hellenismus keineswegs vorbei.

5.5. Alexandria: Hof, Handel und Gelehrsamkeit

Die an Stelle der ägyptischen Siedlung Rhakotis 331 v. Chr. von Alexander dem Großen gegründete Stadt Alexandria an der ägyptischen Mittelmeerküste entwickelte sich schnell zu einem der herausragenden Zentren der hellenistischen Welt. Weniger als Militär- denn als Handelsstützpunkt konzipiert, symbolisierte ihr Wahrzeichen, der Leuchtturm auf der vorgelagerten Insel Pharos, als eines der Sieben Weltwunder in mehrerlei Hinsicht die Ausnahmestellung der Stadt. Der Palastbezirk mit der Grabstätte Alexanders sowie das Museion befanden sich am östlichen Hafen, im Westen lag das Ägypterviertel Rhakotis mit dem Serapeion, dem Heiligtum der ägyptisch-hellenistischen Gottheit Serapis. Zwischen 320 und 311 löste die Hafenstadt Alexandria das weiter südlich im Inland gelegene Memphis als Residenzstadt der Ptolemaier ab. Mit ungefähr einer Million Einwohnern zu ihrer Blütezeit gehörte sie schon quantitativ zu den Megacities der Antike. Die größten Gruppen der multiethnischen Bevölkerung waren Griechen und Makedonen, Ägypter, Syrer und Juden, deren Zuwanderung und Status u. a. Ptolemaios VI. Philometor begünstigte, so dass im Distrikt D östlich des Palastviertels eine, wenn nicht die bedeutendste jüdische *Diaspora*-Gemeinde der Antike entstand.

Unweit des Nildeltas gelegen, mit dem die Ptolemaier Alexandria über einen Kanal verbanden, erlangte die Stadt mit ihrem Seehafen und dem künstlich angelegten Binnenhafen schnell große wirtschaftliche Bedeutung, insbesondere für den Getreidehandel, da sie sowohl für den Schiffsverkehr über das Mittelmeer als auch ins ägyptische Binnenland und zum Roten Meer topographisch begünstigt war. Handelsverbindungen reichten bis weit in den Orient; Handwerk, Textil-, Glas- und Metallverarbeitung prosperierten genauso wie die Papyrusherstellung.

Den Ptolemaiern war es gelungen, die Leiche Alexanders für sich zu reklamieren. In ihrer neuen Residenzstadt stellten sie diese zur Schau und errichteten auf ihr einen Dynastiekult. Mit dem gigantischen Palastbezirk und der gesamten Stadt präsentierte man der Oikoumene, wer man war und wer man sein wollte. Dazu gehörten die Ptolemaia, ein Fest mit Opfern, Spielen und einem prachtvollen Umzug, das Ptolemaios II. kurz nach dem Tod seines Vaters einführte und das er als gleichrangig mit den Pythischen Spielen des Apollon von Delphi erklärte. Als die Ptolemaia wohl 274 v. Chr. zum ersten Mal stattfanden, hatte ihr Gründer Teilnehmer aus der ganzen griechischen Welt geladen. Vor dieser Öffentlichkeit inszenierte der Herrscher eine Prozession, die schon durch ihre Länge und die Menge der Teilnehmer mit Hunderten von Mädchen und Jungen, Frauen und Männern in kostbaren Gewändern sowie unzähligen exotischen Tieren alles bisher Dagewesene in den Schatten stellte. Sie veranschaulichte die Beziehung der Ptolemaier zu ihren Schutzgöttern Zeus und Dionysos sowie zu Alexander dem Großen, ihr Verdienst für die Freiheit der Griechen und die Dimensionen ihrer Macht. Schauspieler in aufwendigen Kostümen repräsentierten Begleiter des Dionysos und Personifizierungen der Jahreszeiten. Mit einer Armee von Satyrn wurde die Rückkehr des Dionysos aus Indien nachgespielt. 23 200 Reiter und 57 600 Kavalleristen sollen den Zug bereichert haben, kolportiert noch Athenaios (5,201d–203b). In diesem Akt kulminierte, was die Selbstdarstellung vieler hellenistischer Herrscher ausmachte: die Demonstration von Reichtum, Macht und Überlegenheit, die aufgrund göttlichen Schutzes als legitim anzusehen sei.

Zu diesem Umzug gehörten auch technische Finessen. Ktesibios, ein im Museion von Alexandria tätiger Mechaniker, erfand nicht nur eine Wasseruhr, eine Wasserorgel und eine Feuerspritze, sondern auch Spielereien zu Unterhaltungszwecken. Eigens für die Prozession hatte er eine Statue kreiert, die sich automatisch erhob, ein Trankopfer darbrachte und sich wieder setzte. Solche Elemente des Umzugs verwiesen auf die Rolle der Herrscher als Euergeten der Künste und der Wissenschaften. Das Museion von Alexandria zog Gelehrte von weither an, um in der größten Bibliothek der Antike, die bald im örtlichen Serapeion ein zweites Standbein erhielt, zu forschen und sich auszutauschen. Der König finanzierte deren Tätigkeit in der Erwartung, dass man sein Loblied sänge und für die Ewigkeit konservieren würde. Mit diesem Utilitarismus dürfte sich eine Hochschätzung von Bildung gepaart haben, die man als unerlässlich für jeden Herrscher von Format ansah. In der Tradition des makedonischen Hofes, der Aristoteles zum Erzieher von Alexander III. (dem nachmaligen ‹Großen›) bestellt hatte, dienten die Leiter der Bibliothek des Museion nun zugleich als Prinzenerzieher der Ptolemaier.

Als Forschungsinstitut war das Museion universal ausgerichtet. Der Anspruch der Bibliothek bestand darin, das Wissen der Oikoumene verfügbar zu halten, auch in Übersetzungen. Daneben gab es zoologische und botanische Sammlungen, eine Sternwarte, ein medizinisches Institut und Werkstätten. In der Wandelhalle, in Vortragssälen, Unterkünften und im Speisesaal trafen sich Gelehrte aus der gesamten hellenistischen Welt. Dort wurde die Philologie als Disziplin entwickelt. Dort führten die Ärzte Herophilos von Chalkedon und Erasistratos von Keos Vivisektionen durch und machten wegweisende Entdeckungen im Bereich des Nervensystems und des Blutkreislaufs. Dort wirkten bedeutende Mathematiker wie Euklid, der u. a. die Erkenntnisse seiner Vorgänger zusammenstellte und systematisierte. Dort lehrten Universalgelehrte wie Eratosthenes, der schon zu Lebzeiten als Mathematiker berühmt wurde. Als Geograph entwarf er ein System von Längen- und Breitengraden, berechnete den Erdumfang und konzipierte eine Erdumsegelung, zumindest in der Theorie. Darüber hinaus gilt er als Begründer der antiken kritischen Chronographie, widmete sich außerdem der Philologie und war als Grammatiker tätig. Aristarch von Samos versuchte, astronomische Entfernungen mit mathematischen Methoden zu bestimmen. Wie schon der Pythagoreer Philolaos und Herakleides Pontikos vor ihm wich er mit seinem heliozentrischen Weltbild vom gebräuchlichen geozentrischen System ab, das jedoch bestimmend blieb, bis Kopernikus in seinem Werk *De revolutionibus orbium coelestium libri VI* (1543 gedruckt), in dem er Aristarch erwähnt, eine Revolution der Weltwahrnehmung einleitete.

Die Strahlkraft des Museion sollte die Ptolemaier und auch die Patronage römischer Kaiser lange überdauern, weil darin Elemente griechischer Philosophie und Wissenschaft Eingang in jüdisches, christliches und arabisches Gedankengut fanden. Dabei ist die jüngere Forschung jedoch davon abgekommen, die Funktion des Museion auf die Stärkung griechischer Kultur in fremder Umwelt zu beschränken; vielmehr sieht man in der Institution nun in erster Linie einen kulturellen Schmelztiegel. Vorstellungen eindimensionaler Hellenisierung wurden durch Konzepte komplexer kultureller Austausch- und Inspirationsprozesse ersetzt. So war z. B. die hochentwickelte babylonische Astronomie Referenzpunkt für jegliche Forschung in diesem Bereich.

Noch unter den Ptolemaiern entstand das wohl bekannteste Produkt jüdisch-hellenistischer Literatur: die Septuaginta, eine Übersetzung des hebräisch-aramäischen Alten Testaments in die *koinē*, die altgriechische Alltagssprache hellenistischer Zeit. Ihr Name geht auf die angeblich siebzig Übersetzer zurück, die an diesem Werk beteiligt gewesen sein sollen. Damit wurde die Rezeption der Bibel über engere Kreise des Judentums hinaus ermöglicht. Durch allegorische Auslegung versuchten hellenisierte Juden wie Philon von Alexandria, die heiligen Schriften des Judentums mit griechischer Philosophie in Einklang zu bringen. Schließlich entwickelte der christliche Philologe und Theologe Origenes (184–254 n. Chr.) aus Alexandria, obwohl er sich in vielerlei Hinsicht von griechisch-römischen Denkweisen distanzierte, die Allegorese als Auslegungsart für die Bibel, indem er auf etablierte alexandrinische Exegese-Methoden zurückgriff.

Als multiethnischer Schmelztiegel war Alexandria nicht nur Schauplatz kultureller Symbiosen, sondern auch ein Epizentrum von Konflikten und Gewaltexzessen. So entluden sich 38 n. Chr. Rivalitäten zwischen Griechen, Ägyptern und Juden um den zivilrechtlichen Status in einem Pogrom gegen die jüdische Bevölkerung. Der Fortbestand der Wissenschaft war bedroht, wenn mächtige *Euergeten* in den Wissenschaftsbetrieb eingriffen, wie es 145 v. Chr. Ptolemaios VIII. tat, der in einer politisch motivierten Säuberungsaktion viele Gelehrte aus Alexandria vertrieb, oder wenn sie die Finanzierung des Museion einstellten, wie es zu Beginn des 3. Jahrhunderts n. Chr. unter Caracalla geschah, der seine Finanzmittel lieber in den Bau prächtiger Thermen in Rom investierte. Mit dem Neuplatonismus nahm die letzte große philosophische Strömung der Antike erneut von Alexandria ihren Ausgang. Klassische Philosophie und christliche Theologie existierten nebeneinander, ja beeinflussten sich auch, wie man an Origenes sieht. Noch Boethius (480/5–524/6 n. Chr.) sollte Neuplatoniker sein.

Militärische Auseinandersetzungen zwischen Aurelian und Zenobia führten um 270 n. Chr. zur Zerstörung des alexandrinischen Palastviertels, woraufhin das Serapeion zum Zentrum alexandrinischer Bildung avancierte. 391 n. Chr. kam es in Alexandria zu blutigen Kämpfen zwischen Christen und Heiden. Das Serapeion wurde verwüstet, bald darauf allerdings wieder aufgebaut. Zu dieser Zeit war Alexandria längst zu einem Schauplatz von Auseinandersetzungen zwischen Christen und Heiden, aber auch zwischen Vertretern verschiedener dogmatischer Richtungen innerhalb des Christentums geworden, unter ihnen mächtige Bischöfe und Patriarchen. Das letzte uns bekannte Mitglied des Museion war gegen Ende des 4. Jahrhunderts n. Chr. der Mathematiker und Astronom Theon. Berühmter als er wurde seine Tochter Hypatia (ca. 355–415/6 n. Chr.), die in Alexandria als Mathematikerin, Astronomin und Philosophin tätig war. Sie wurde Opfer eines politischen Machtkampfes, in dem man religiöse Gegensätze instrumentalisierte. Ein möglicherweise durch den Patriarchen aufgehetzter, analphabetisch-bildungsfeindlicher, fanatisch-christlicher Mob ermordete sie in einer Kirche und zerstückelte ihren Leichnam. Wie sehr Christen auch untereinander zerstritten waren, zeigt sich daran, dass man den Mord anschließend im Rahmen christologischer Streitigkeiten instrumentalisierte (vgl. Philostorgios, Kirchengeschichte 8,9).

Um 529 n. Chr. schloss Kaiser Justinian I. die Platonische

Akademie in Athen. In Alexandria allerdings waren Platon und Aristoteles auch unter christlichen Gelehrten weiterhin hochgeachtet. Erst mit dem Siegeszug des Islam zu Beginn des 7. Jahrhunderts erodierten die letzten Bestandteile alexandrinisch-griechischer Bildungsinstitutionen. Deren Früchte verfaulten insofern nicht, als arabische Gelehrte ihre Samen säten und zu neuem Leben erweckten.

5.6. Neue Götter und Bildung: Universale Aspekte griechischer Kultur

Im Museion von Alexandria ging Kallimachos (305–240 v. Chr.) als Philologe und Dichter den Dingen auf den Grund, indem er sich mit *Aitiologien*, d. h. den Ursprüngen von Namen, Kulten und Sitten, auseinandersetzte und damit dem Ansinnen nachkam, den reichen, zum Teil bereits über Jahrhunderte tradierten Bestand griechischer Mythen zu ordnen. In seinem Hymnus auf Zeus stellt er die Frage, wer denn nun Recht habe: die Kreter oder die Arkader, die beide behaupteten, den Geburtsort des höchsten griechischen Gottes in ihren Landen zu beherbergen. «Kreter sind immer Lügner» (Kall. h. 1,7–8), ergreift das lyrische Ich nur scheinbar für die Arkader Partei. Denn der berühmte Ausspruch stammt von Epimenides, der selbst Kreter war. Damit ist die allgemeine Aussage vom immer lügenden Kreter in sich widersprüchlich. Auf diese Weise spielt Kallimachos mit einer bekannten Paradoxie, um auf weitere kulturelle Paradoxien zu verweisen, die für rational schematisierende Gelehrte nicht, von Dichtern dagegen sehr wohl zu lösen sind. So führt der Hymnus vor Augen, dass es auf die Eingangsfrage deshalb keine Antwort geben kann, weil sich viele lokale Traditionen der griechischen Welt ob ihrer Diversität nicht unter einer einzigen panhellenischen Wahrheit subsumieren lassen. Am Hof von Alexandria, dem Zentrum der Gelehrsamkeit einer wie nie zuvor globalisierten Welt, lehrte der Systematiker die Vielfalt lokaler Spezifik. Zeus gab es überall, aber er war nicht überall derselbe Gott. Für die Griechen in ihren angestammten *póleis* war kein Widerspruch, was Systematiker verzweifeln lassen mochte: ein Gott konnte mehrere Geburtsorte haben, und jeder entsprechende Mythos war auf seine Weise wahr.

Wie globalisiert war diese Oikoumene überhaupt? Die Vernetzung von Menschen weit entfernt voneinander liegender Regionen hatte zweifellos zugenommen. Griechisch war die Sprache, mit der man sich überall verständigte (*koinḗ*). Mit den Prägungen Alexanders und der Diadochen etablierte sich zum ersten Mal ein Münztyp, der sich in der ganzen griechischen Welt verbreitete. Insofern ging mit der sprachlichen und kulturellen Vergemeinschaftung der Oikoumene auch eine visuelle Standardisierung einher, die zudem wirtschaftliche Implikationen hatte. Städtegründungen, die Monetarisierung in Regionen, die bis dato von Naturalwirtschaft geprägt waren, und der daraus entstehende weitgehend einheitliche Währungsraum stimulierten den Handel genauso wie wirtschaftspolitische Maßnahmen verschiedener Könige und der Ausbau von Infrastruktur. Häfen und Handelsstationen machten die Reiche der Seleukiden und der Ptolemaier zu wichtigen Transitländern für Waren aus China und Indien. Überregionaler Handel war insofern eine Lebensader der Monarchien, als er die nötigen Finanzmittel für die nicht abreißenden Kriege und die Bezahlung der Soldaten beschaffte. Von einer einheitlichen hellenistischen Wirtschaft kann man jedoch schon deshalb nicht sprechen, weil die klimatischen und topographischen Verhältnisse der Regionen viel zu unterschiedlich waren.

Obwohl die meisten wie eh und je ihrer eigenen Scholle verhaftet blieben, stieg die Mobilität der Menschen im Hellenismus insgesamt deutlich an. Der militärischen folgte die kulturelle Durchdringung der Oikoumene. Soldaten wurden in neu gegründeten Städten angesiedelt, Forschungs- und Handelsreisen führten zum Austausch von Waren und Rohstoffen, aber auch von ideellen Gütern. Pytheas von Massilia unternahm parallel zum Alexanderzug eine Forschungsreise an die Nordsee und beschrieb als Erster das von ihm umsegelte Britannien. Dabei handelte es sich allerdings um Ausnahmen. Denn die Mobilität stieg vor allem im griechischen Binnenraum, u. a. durch die gravierend gestiegene Anzahl an Festen und Spielen. Mit den

Menschen verbreiteten sich die Wissenschaften und das Handwerk, rhetorische und philosophische Bildung, Urbanistik und Architektur. Hellenische Kultur wurde zum Maßstab für die Führungsschichten, die an ihr teilhaben wollten.

Bei aller Sprachenvielfalt zwischen Griechisch, Ägyptisch, Aramäisch, Persisch sowie zahllosen lokalen Dialekten, bei höchst unterschiedlichen kulturellen, sozialen und politischen Traditionen und Institutionen wurde die hellenistische Oikoumene durch die Vorherrschaft der griechischen Sprache und Kultur geprägt. Deren Ausbreitung haftete vor allem an der Verbreitung des *gymnásion*. Dabei handelte es sich weniger um zielgerichtete Politik als um Bedürfnisse von Griechen und Makedonen, die in die Fremde zogen, sowie von lokalen Eliten, die Anteil haben wollten an der hellenischen Kultur. In den *póleis* allüberall war das Gymnasion die städtische Bildungsinstitution schlechthin. Dort wurden nicht nur physische Fähigkeiten, sondern auch praktisches und theoretisches Wissen vermittelt. Kinder lernten Lesen, Schreiben und Rechnen, übten sich in musischen Künsten und konkurrierten in sportlichen Wettkämpfen, *Epheben* wurden militärisch trainiert. Aber neben Kinder- und Jugendausbildung erfüllte das Gymnasion vielfältige Zwecke bürgerlichen Lebens: Epheben trafen sich mit älteren Bürgern, man lauschte Vorträgen von Wanderpredigern und -philosophen, Männer jeden Alters nutzten die Sport- und Badestätten; dort wurden Kulte, Feste und Bankette zelebriert. Freilich handelte es sich um einen exklusiven Ort für die männliche Oberschicht. Obwohl ab dem 2. Jahrhundert v. Chr. eine allgemeine Wertschätzung von Bildung zur Einführung von Bibliotheken und Elementarunterricht für möglichst viele Bürgersöhne führte, blieb Bildung nach dem Elementarunterricht ein Privileg der Reichen. Insgesamt bewirkten die Gymnasien trotzdem eine weitgehende Vergesellschaftung von Bildung, ermöglichten Teilhabe breiter Kreise an einer einzigartigen Blüte von Philosophie und Literatur, Wissenschaft und technologischen Neuerungen. Über wandernde Philosophen wurden breite Bevölkerungskreise mit dem Gedankengut der sich bildenden Philosophenschulen, aber auch der Zweiten Sophistik, vertraut gemacht. Städte wie Korinth wurden wieder aufgebaut, und die Pax Romana bot schließlich ideale Bedingungen zur Verbreitung der griechischen Kultur. Mit der Platonischen Akademie war immer noch Athen das Zentrum der Philosophie. Daneben formierten sich die von Aristoteles-Schülern gegründete peripatetische Schule sowie die Schulen der Epikureer und der Stoa. Letztere verfolgten beide die Glückseligkeit des Einzelnen (*eudaimonía*). Das Individuum, nicht die Polis war Bezugsrahmen; ein affektfreies und leidenschaftsloses Leben war das Ziel, die Befreiung von seelischer Unruhe und körperlichem Schmerz.

Dieser Fokus auf dem Individuum dominierte auch manch eine religiöse Strömung der Zeit. Mysterienkulte waren zwar nicht neu, kamen aber mit individuellen Heils- und Erlösungsversprechen den Bedürfnissen der Zeit genauso entgegen wie Inkubationskulte der Asklepios-Heiligtümer, in denen man Heilung durch Traumorakel suchte. Jenseitshoffnungen und eine emotionale Beziehung zur Gottheit erhielten einen höheren Stellenwert als in der *polis religion* vorausgegangener Jahrhunderte, in denen die gemeinsame Teilhabe am Kult im Vordergrund gestanden hatte. Ohnmachtserfahrungen des Einzelnen in einer unsicheren Welt mögen dazu beigetragen haben, dass man Tyche, das personalisierte Schicksal, als wohlwollende Schicksals- und Stadtgöttin mit Mauerkrone und Füllhorn verehrte, damit sie Sicherheit und Wohlstand brächte. Obwohl manch ein neuer Kult wie der ägyptische des Amun-Re als Zeus Ammon sowie der Isis-Kult schon im 4. Jahrhundert v. Chr. Einzug nach Athen genommen hatte, stiegen die Kontakte mit bisher unbekannten orientalischen, mesopotamischen und ägyptischen Gottheiten im Hellenismus signifikant. Neue Gottheiten wie Sarapis als Symbiose aus Osiris und Apis, die mit dem griechischen Göttervater Zeus verschmolzen, wurden erst geschaffen. Insgesamt ist Synkretismus, die von griechischer Seite realisierte Überblendung ägyptischer und anderer Gottheiten mit griechischen, ein Charakteristikum der Epoche.

Hellenisierung wurde vielerorts gewünscht, führte jedoch ebenfalls zu Konflikten. So lehnten orthodoxe Juden eine Hellenisierung ihrer Religion ab. Als Antiochos IV. Anspruch auf die Tempeleinkünfte der Juden erhob und sein Nachfolger Demetrios I. das Heiligtum plünderte, den Juden also den gewohnten Respekt verwehrte, kam es zum Makkabäeraufstand (173–164 v. Chr.). Zwar erreichte man schließlich eine gewisse Befriedung, indem man den Juden Abgabenfreiheit und das Recht auf eigene Münzprägung zugestand; der Dauerkonflikt zwischen der Anpassung an eine hellenisierte Umwelt und dem Kampf orthodoxer Juden gegen jede Form der Fremdherrschaft war damit allerdings nicht beendet. Später beförderte zwar die Pax Romana die Ausbreitung des Christentums, aber Christen sahen sich mit vergleichbar grundsätzlichen Fragen konfrontiert, wie sie sich in der heidnischen Umwelt positionieren sollten. Als Paulus auf die Rednerbühne der altehrwürdigen Agora von Korinth trat und sagte, er wolle nicht mit «wortgewandter Überredungskunst» aufwarten, sondern «mit Geist und Kraft» (1 Kor 2,4), wolle sich also absetzen von dem, was ihn an antik-hellenistischer Rhetorikbildung umgab, so nutzte er doch, was er vorfand. Schließlich stellte er sich auf die Rednertribüne, stellte er sich in den Kontext einer jahrhundertealten, zu neuer Blüte erwachten Tradition.

6. Mit einem Schlangenbiss war es nicht vorbei: Griechische Geschichte und europäische Identität

«What do you think of the Elgin Marbles?» Als Student in Cambridge wurde man Anfang der 2000er Jahre beim Mittagessen mit dieser Frage konfrontiert. Immer wieder erreichen Restitutionsdebatten aber auch die internationalen Feuilletons. Wann wird Aneignung zur Enteignung? Wenn man die höchste Ebene des neuen, 2009 eröffneten Akropolis-Museums in Athen erreicht, steht man vor dem Parthenon – nicht vor dem Tempel, den man auf der Akropolis wiedererrichtet hat, sondern vor einer Rekonstruktion des berühmten Frieses, der einst um den über der Stadt thronenden Tempel der Athene herumlief und nun im gleichen Maßstab unten in der Stadt neu zusammengesetzt wurde. Viele Felder des Frieses bestehen zwar nicht, wie ursprünglich geplant, aus Leerstellen, mit denen man dem Restitutionsanspruch von griechischer Seite Nachdruck verleihen wollte. Aber sie verweisen mit deutlich als solchen erkennbaren Nachbildungen auf die Originale, die sich vor allem in London sowie in Kopenhagen, München, Paris, Wien und Würzburg befinden.

1801, als Athen noch zum Osmanischen Reich gehörte, hatte sich der britische Botschafter Lord Elgin bei Sultan Selim III. die offizielle Erlaubnis eingeholt, auf der Akropolis Steine zu bewegen, wie er sich ausdrückte. Was als Unternehmung deklariert und gebilligt wurde, antike Überreste zu sichten und zeichnerisch zu dokumentieren, endete damit, dass Lord Elgin Stücke aus den Bauten der Akropolis herausbrechen und große Teile des Skulpturenschmucks nach England verschiffen ließ. Bereits im frühen 19. Jahrhundert löste sein Vorgehen Empörung aus. 1816 verkaufte er seine Beute an das British Museum, wo sie noch heute eine Hauptattraktion darstellt.

Rechtlich lassen sich Restitutionsfragen insofern schwer klären, als der griechische Staat im frühen 19. Jahrhundert noch nicht bestand und die Frage der Rechtsnachfolge für alle Beteiligten nach über zweihundert Jahren ungeklärt ist. Moralisch stellte man sich lange auf den Standpunkt, dass die Überführung der Kunstwerke in die Prunksäle westeuropäischer Museen der Sicherung und Bewahrung der berühmten Antiken gedient habe, wie dies in Griechenland zu jener Zeit nicht hätte bewerkstelligt werden können. Spätestens mit dem Bau des beeindruckenden Akropolis-Museums in Athen und nach dem Diebstahl kostbarer Objekte aus dem British Museum, der im Sommer 2023 bekannt wurde, ist dieses Argument jedoch vom Tisch.

Der Parthenon-Tempel als Sitz der athenischen Stadtgöttin und Ausdruck monumentalisierter athenischer Identität im Zeitalter des Perikles ist offenbar immer noch Stein des Anstoßes. Auch heute noch bewegt er die Gemüter, weil sich nicht nur

Griechen des dritten Jahrtausends, sondern Menschen in Europa und aller Welt mit ihm als Symbol griechischer Kultur identifizieren, auf deren Fundament sie zu stehen meinen. Heute ist die Ausfuhr von Altertümern zu Recht verboten. Florierende Schwarzmärkte zeugen allerdings davon, dass manch ein Sammler bereitwillig eine Straftat begeht und viel Geld in die Hand nimmt, um sich als Besitzer eines Stücks materieller Kultur der Alten Griechen exklusiven Anteil an deren Erbe zu verschaffen. Kulturelles Erbe kann so zu einem zweifelhaften Faszinosum werden, dessen Reliquien Gold wert sind.

Nicht allen Entdeckern und Archäologen der ersten Stunde ging es primär um Goldgräberei, obwohl auch ein Schliemann zum Goldgräber wurde, als er die sogenannte Totenmaske des Agamemnon und weiteren kostbaren Schmuck der Bronzezeit aus dem Burgberg von Mykene barg. In Klassik und Romantik fühlten sich Dichter, im deutschen Kaiserreich Gelehrte und nachwachsende Gymnasiasten seelenverwandt mit den Alten Griechen und sahen sich insofern als deren Erben an. Wer war Grieche? Die Frage stellte sich im 19. Jahrhundert neu. Die Welle der Begeisterung für das Griechentum hatte vor dem Hintergrund der aufkeimenden Nationalstaaten im Rahmen des griechischen Unabhängigkeitskrieges (1821–1829) einen neuen Höchststand erreicht. Freiheit bedeutete damals die Freiheit von osmanischer Oberherrschaft; Ethnogenese vollzog sich wieder einmal über ein gemeinsames Feindbild. Nur wozu wurde man frei? Griechenland musste sich als Nation erst erfinden. Dabei spielte ein von den zentraleuropäischen Philhellenen bestärkter Gründungsmythos eine wichtige Rolle: Nachfahre der antiken Griechen zu sein. Der ländlichen Bevölkerung blieb dieser Gedanke jedoch bis ins 20. Jahrhundert hinein fremd.

Zu diesen Philhellenen gehörte Lord Byron (1788–1824), der am Trinity College in Cambridge Classics studiert hatte. Für männliche Angehörige der Oberschicht Großbritanniens war es üblich, in der Jugend eine *Grand Tour* zu unternehmen, um Abenteuerlust und Bildungshunger zu stillen. George Gordon, der sechste Baron Byron, brach 1809 mit einem Studienfreund sowie einem Diener, sieben hölzernen Truhen und drei Bettgestellen in griechische Lande auf, die er zwei Jahre lang bereiste. Seine Eindrücke verewigte er im Versepos *Child Harold's Pilgrimage*, mit dem er nach seiner Rückkehr schlagartig bekannt wurde und zum Liebling der Londoner Damenwelt avancierte. Dauerhafte Berühmtheit erlangte der skandalumwobene Lebemann jedoch nicht als exzentrischer Literat, sondern durch seine Aktivitäten im griechischen Unabhängigkeitskrieg, denen die letzten beiden Jahre seines Lebens gewidmet waren. 1822 erreichte ihn die Anfrage des London Greek Committee, ob er im griechischen Freiheitskampf eine aktive Rolle übernehmen würde. Wie viele weitere Vereinigungen in Westeuropa unterstütze das Committee den griechischen Unabhängigkeitskrieg als einen Krieg zwischen westlicher und östlicher Zivilisation. Man übersah, wie miteinander konkurrierende Anführer der griechischen Revolten bald in bürgerkriegsähnlichen Zuständen gefangen waren, weil man Idealbilder von den antiken Griechen, wie man sie aus der klassischen Literatur gewonnen hatte, auf Griechen der Gegenwart projizierte. Die Philhellenen traten an, ihre Wiege der europäischen Zivilisation gegen die sogenannten Orientalen zu verteidigen. Liberale aus verschiedenen Ländern nahmen außerdem an den Kämpfen teil, weil sie damit allgemeinen politischen Hoffnungen Ausdruck verliehen, so auch Lord Byron. Im dritten Canto seines *Don Juan* hatte er bereits 1819 gedichtet:

The isles of Greece! the isles of Greece
Where burning Sappho loved and sung,
Where grew the arts of war and peace,
Where Delos rose, and Phoebus sprung!
Eternal summer gilds them yet,
But all, except their sun, is set.

In Messolonghi versuchte der wegen seiner literarischen Berühmtheit und seiner Finanzkraft als Publikumsmagnet wirkende unerfahrene, eher mit karnevalesken Kostümen als Uniformen ausgestattete Lord eine Truppe aus griechischen und europäischen Kämpfern zusammenzustellen, die sich jedoch untereinander bekämpften, bevor man auch nur einen Osmanen gesehen hatte. Byron verstarb 1824 an einer Lungenentzündung, aber Messolonghi wurde zu einem Symbol des Freiheitskampfes. Als Toter wurde Byron mythisch überhöht, für den Unabhängigkeitskrieg instrumentalisiert und schließlich insofern kampfentscheidend, als sich nicht nur immer mehr philhellenische Vereine, sondern die Großmächte selbst der griechischen Sache verpflichtet zu sein vorgaben und in den Kampf eingriffen. Eine britisch-französische Flotte siegte 1827 bei Navarino. 1828 musste der Sultan die Unabhängigkeit Griechenlands anerkennen. Noch heute wird Byron in Griechenland als Freiheitskämpfer verehrt.

Kleopatra starb wahrscheinlich eher an Pflanzengift als an einem Schlangenbiss. Jedenfalls war die Griechische Geschichte mit dem Schlangenbiss des Jahres 30 v. Chr. genauso wenig vorbei wie im Jahre 146 v. Chr., als die Römer ihre Suprematie über die griechischen Gebiete besiegelten. Kleinere hellenistische Königtümer existierten über das Jahr 30 v. Chr. hinaus. Viele Poleis florierten genauso wie Heiligtümer und athletische Agone bis in die Spätantike hinein. Für junge Römer der obersten Schicht gehörte es bald zum guten Ton, eine Bildungsreise nach Griechenland zu unternehmen. Zwar waren die griechischen Stadtstaaten und Ethne nun Teil eines Imperiums, zwar kooperierten deren Eliten nun mit römischen Repräsentanten, zwar entstanden reichsweite Regelungen, aber Inschriften wurden weiterhin auf Griechisch oder zumindest als Bilingue gesetzt. Romanisierung und Hellenisierung waren miteinander verwobene Prozesse. Nicht von ungefähr bezeichnete man die Form des Altgriechischen, die man in hellenistischer und römischer Kaiserzeit sprach, als *koinḗ*, als eine Sprache, die vielen gemeinsam und nicht nur im östlichen Mittelmeerraum, sondern auch in den westlichen Provinzen des Imperium Romanum verbreitet war. Als Dialekt, in dem das Neue Testament verfasst wurde, hat sie besondere Wirkmacht entfaltet.

Indem Kaiser Konstantin seine Hauptresidenz im Jahre 330 n. Chr. nach Byzanz verlegte, das bald Konstantinopel genannt wurde, legte er den Grundstein für das oströmische bzw. byzantinische Reich, das zum Träger einer christlichen Zivilisation wurde. Bezeichnenderweise nannten sich dessen Bewohner jedoch nicht Hellenen, sondern *Rhomaioi*, ‹Römer›, die 1453 n. Chr. mit der Eroberung von Konstantinopel unter osmanische Oberherrschaft gerieten. Auch die arabische Eroberung des östlichen und südlichen Mittelmeerraums beendete den Hellenismus nicht, obwohl die selbstverwaltete griechische Polis nun genauso wie der klassische Bildungskanon fraglos an Bedeutung verlor. Denn man übernahm nicht nur Elemente in Architektur und Kunst, sondern las auch Aristoteles, dessen Werk ohne arabische Übersetzungen verloren wäre. Letztlich sollten Kenntnisse griechischer Philosophie und Dichtung über arabische Vermittlung den Weg zurück ins lateinische Europa finden. So inspirierten sich arabische, jüdische und christliche Denker im Städtchen Toledo, wo Übersetzerschulen eine neue Symbiose kulturellen Erbes herbeiführten und die von Italien ausgehende Renaissance zu Beginn der Neuzeit vorbereiteten, deren Wahlspruch *ad fontes* griechische Hinterlassenschaften einschloss. Der Prozess griechischer Nationalstaatenbildung, die sich bis in die Mitte des 20. Jahrhunderts erstreckte, begann dann mit den Freiheitskämpfen 1821. Unter dem Einfluss der Philhellenen änderte sich die griechische Selbstwahrnehmung, die sich fortan nicht mehr an Byzanz, sondern an den antiken Griechen ausrichtete.

Kultur, um der Freiheit willen hat der Althistoriker Christian Meier im Jahre 2009 eine Monographie betitelt, in der er sich der Frage widmet, inwiefern das antike Griechenland als traditionelle Wiege Europas exzeptionell, ja einzigartig gewesen sei. Dies ist eine hochaktuelle Frage in einer Welt, in der sich Grenzen nicht nur medial, sondern auch durch Migrationsbewegungen aufzulösen scheinen. Wie lassen sich heute die Eigenarten bestimmter Kulturen überhaupt beschreiben? Forschungsgeschichtlich kann man im Hinblick auf die antike griechische Kultur zwei Extrempositionen ausmachen. Vor dem Hintergrund der nationalstaatlichen Fragen des 19. Jahrhunderts identifizierte sich das liberale Bürgertum in deutschen Ländern mit der antiken griechischen Kultur, insbesondere der athenischen. Diese weltgeschichtliche Einzigartigkeit und Überlegenheit projizierte man auf die eigene Gesellschaft als Sachwalter und Erbe der Griechen. Man sprach vom ‹griechischen Wunder› und betrachtete Historie als eine Fortschrittsgeschichte der Menschheit, bei der entscheidende Zivilisationsfortschritte in Griechenland verankert wurden. Nach dem Zweiten Weltkrieg wuchsen allmählich Zweifel daran, die griechische Kultur als eine solche zu betrachten, die ex nihilo entstanden sei. Die Monographie *The East Face of Helicon* des Philologen Martin West von 1997, in der aufgezeigt wird, wie sehr die griechische Dichtung auf orientalischen Vorbildern aufbaut, ist nur ein Meilenstein auf dem Weg zur inzwischen dominierenden Auffassung, dass die griechische Kultur der archaischen Zeit ihre Entstehung sowie ihre Charakteristika zu großen Anteilen Einflüssen aus den älteren vorderorientalischen Kulturen verdankt. Eine Extremposition gegen die im 19. Jahrhundert dominierende Auffassung vom ‹griechischen Wunder› nahm Kostas Vlassopoulos in seiner 2007 publizierten Dissertation mit dem Titel *Unthinking the Greek Polis. Ancient Greek History beyond Eurocentrism* ein, indem er die u. a. aus politischer Korrektheit motivierte These aufstellte, dass der Blick auf die Polis als einer griechischen Besonderheit einer eurozentristischen Sichtweise geschuldet sei, die es zu überwinden gelte. Indem er sich gegen die Dichotomie zwischen Orientalismus und Eurozentrismus wendet, welche oftmals auf die alte Opposition zwischen orientalischem Despotismus und westlicher Freiheit zurückzuführen sei, kritisiert er zugleich die Auffassung von der griechischen Polis als Erfinderin der Freiheit. Allerdings muss man nicht von einem ‹griechischen Wunder› sprechen, um einige Charakteristika der altgriechischen Polis-Kultur zu sehen, die bis heute wegweisend sind für alle, die sich auf dieses Erbe berufen. Politisch gehört dazu die Polis als Bürgerverband, der jedem Einzelnen viel Gestaltungsraum, aber auch Verantwortung dafür überträgt, dass der zur Wohlordnung gehörende Streit auf der Agora sich nicht im Bürgerkrieg entlädt. Diese um einen freien Versammlungsraum errichtete Stadt ist etwas grundsätzlich anderes als Gemeinwesen, die um den Sitz eines hinter hohen Mauern residierenden Herrschers erbaut werden.

Natürlich sind wir genauso wenig wie die neuzeitlichen Griechen linear mit den antiken Griechen verbunden, können uns ihr Erbe jedoch aneignen, ohne es zu verklären. Wer waren und sind die Griechen? Antworten auf diese Frage fallen zeitgebunden aus. Und das ist gut so, schließlich handelt es sich bei Ethnogenese um einen niemals abgeschlossenen Prozess, der alle Beteiligten zur Selbstvergewisserung aufruft, was sie unter Griechischer Geschichte verstehen und inwiefern sie selbst Anteil an ihr haben.

Literaturverzeichnis

Bibliographien auf aktuellem Stand bieten folgende empfehlenswerte Handbücher:

Mittag, P. F., Geschichte des Hellenismus (Oldenbourg Grundriss der Geschichte 51), Berlin/Boston 2023.

Schmidt-Hofner, S., Das klassische Griechenland. Der Krieg und die Freiheit (C.H.Beck Geschichte der Antike), München 2016.

Scholz, P., Der Hellenismus. Der Hof und die Welt (C.H.Beck Geschichte der Antike), München 2015.

Schulz, R./U. Walter, Griechische Geschichte ca. 800–322 v. Chr. Band 1: Darstellung. Band 2: Forschung und Literatur (Oldenbourg Grundriss der Geschichte 50/1 und 2), Berlin/Boston 2022.

Stein-Hölkeskamp, E., Das archaische Griechenland. Die Stadt und das Meer (C.H.Beck Geschichte der Antike), 2. Aufl. München 2019.

Ulf, Ch./E. Kistler, Die Entstehung Griechenlands (Oldenbourg Grundriss der Geschichte 46), Berlin/Boston 2020.

Wiemer, H.-U., Alexander der Große, 2. Aufl. München 2015.

Im Text erwähnte Forschungsbeiträge:

Bosworth, A. B., Conquest and Empire. The Reign of Alexander the Great, Cambridge 1988.

Burkert, W., Die orientalisierende Epoche in der griechischen Religion und Literatur, Heidelberg 1984.

Burkert, W., Die Griechen und der Orient, München 2004.

Chadwick, J., The Decipherment of Linear B, 2. Aufl. Cambridge 1990 (1. Aufl. 1958).

Droysen, J. G., Geschichte des Hellenismus. Band 1: Geschichte der Nachfolger Alexanders, Hamburg 1836.

Gehrke, H.-J., Das Dritte Griechenland und seine Staatenwelt, München 1986.

Hall, J., Ethnic Identity in Greek Antiquity, Cambridge 1997.

Harrison, J. E., Themis: A Study of the Social Origins of Greek Religion, Cambridge 1912.

Lord, A. B., The Singer of Tales, Cambridge 1960.

Meier, Ch., Athen. Ein Neubeginn der Weltgeschichte, 2. Aufl. Berlin 2004 (1. Aufl. 1993).

Meier, Ch., Kultur, um der Freiheit willen. Griechische Anfänge – Anfang Europas?, München 2009.

Parry, M., The Making of Homeric Verse: the Collected Papers of Milman Parry, New York 1987.

Polignac, F. de, Cults, Territory, and the Origins of the Greek City-State. 2. Aufl. Chicago/London 1995 (1. Aufl. La naissance de la cité grecque, Paris 1984).

Schachermeyr, F., Alexander der Grosse: das Problem seiner Persönlichkeit und seines Wirkens, Wien 1973.

Sinn, U., Olympia. Die Stellung der Wettkämpfe im Kult des Zeus Olympios, Nikephoros 4 (1991) 31–54.

Smith, A. D., The Ethnic Origin of Nations, Oxford/New York 1986.

Sourvinou-Inwood, Ch., Further Aspects of Polis Religion, in: Annali dell'Istituto Universitario Orientale di Napoli, Sezione di Archeologia e Storia Antica 10 (1988) 259–274. Reprint in: R. Buxton (Hg.), Oxford Readings in Greek Religion, Oxford 2000, 38–55.

Sourvinou-Inwood, Ch., What is Polis Religion?, in: O. Murray/S. Price (Hgg.), The Greek City: from Homer to Alexander, Oxford 1990, 295–322. Reprint in: R. Buxton (Hg.), Oxford Readings in Greek Religion, Oxford 2000, 13–37.

Tarn, W. W., Alexander the Great, 2 Bde., Cambridge 1948.

Vlassopoulos, K., Unthinking the Greek Polis. Ancient Greek History beyond Eurocentrism, Cambridge/New York 2007.

Weber, M., Wirtschaft und Gesellschaft. Grundriss der verstehenden Soziologie. Erster Teil, Drittes Kapitel: Die Typen der Herrschaft, §§ 1–10, Tübingen 1921/22 (MWG I/23).

Wenskus, R., Stammesbildung und Verfassung. Das Werden der frühmittelalterlichen *gentes*, Köln/Graz 1961.

West, M. L. (Hg.), Hesiod, Theogonie, Oxford 1966.

West, M. L., The East Face of Helicon. West Asiatic Elements in Greek Poetry and Myth, Oxford 1997.

Glossar

agṓn: Wettkampf
agorá: zentraler Versammlungs- und Marktplatz; Versammlung der Bürger
Aitiologie: Erklärung eines gegenwärtigen Phänomens, z. B. eines Namens, Kultes oder einer Sitte, durch die Darlegung seines Ursprungs
akrópolis: Oberstadt
Amphiktyonie: Rat der ‹Umwohner› eines Heiligtums
ánax: Herr, Herrscher
aoidós: Sänger, Rhapsode
apoikía: Ansiedlung fernab des heimatlichen *oíkos*, Kolonie
archḗ: Anfang, Ursprung; Herrschaft
árchōn: Herrscher, Oberbeamter
árchōn epṓnymos: Oberbeamter, nach dem das Jahr benannt wurde
aristokratía: Herrschaft der Besten
áristos: der Beste
ásty: Siedlungskern einer Polis
asylía: Unverletzlichkeit
atéleia: Abgabenfreiheit
autóchthōn: eingeboren
autonomía: Selbstbestimmung nach innen, Unabhängigkeit
bárbaros: stammelnd, unverständlich sprechend, fremdsprachig
basileús: Herrscher, König
boulḗ: Rat
chṓra: Umland der Polis
chṓra doríktētos: speererworbenes Land
dēmokratía: Volksherrschaft
dḗmos: Volk
Demen: Gemeinden in Attika
diádochos: Nachfolger; die Feldherren Alexanders d. Gr., die sich nach Alexanders unerwartetem Tod um dessen Erbmasse stritten und sie untereinander aufteilten
diallaktḗs: Versöhner, Vermittler
diasporá: Zerstreuung (von Juden und Christen)
díkē: Gerechtigkeit
dithýrambos: Gattung lyrischer Poesie

dysnomía: Unordnung, Gesetzlosigkeit
ekecheiría: Waffenruhe
eleuthería: Freiheit
emisch: aus einer Innenperspektive
empórion: Handelsstützpunkt, Handelsplatz
Ephebe: Jüngling
epṓnymos: namengebend
eschatía: äußerster Rand
éthnos: soziale Gruppe, (Volks-)Stamm
Ethnogenese: Formierung von *éthnē*
etisch: aus einer Außenperspektive
eudaimonía: Glückseligkeit
euergétēs, euergesía: Wohltäter, Wohltat
eunomía: Wohlordnung
gymnásion: Übung, Platz für Leibesübungen
hēgemṓn: Anführer
Héllēnes: Hellenen, ‹Griechen›
Heloten: «Eroberte», Staatssklaven in Lakedaimonien
Heroon: Grabbau eines Menschen, den man als Heros verehrte
hetaíros, hetaireía: Gefährte; Kameradschaft, Vereinigung zur gegenseitigen Unterstützung
historíē: Erforschen, Forschung, Kunde, Darstellung
hoplítēs: schwerbewaffneter Fußsoldat
isēgoría: gleiche Redefreiheit
isonomía: gleiches Recht, Gleichberechtigung
kátharsis: Reinigung
koinḗ: altgriechische Alltagssprache hellenistischer Zeit
koinḗ eirḗnē: allgemeiner Friede
koinón: «das Gemeinsame», Bund, Bundesstaat
koúros: junger Mann
ktístēs: Gründer
leitourgía: Dienst für die Gemeinde
lógos: Sprechen, Erzählung; Berechnen, Rechenschaft, Vernunft
Magna Graecia: griechische Siedlungsgebiete im süditalischen Raum
mēdismós: Parteinahme für die Meder, die als Pars pro toto für das Perserreich stehen
méros: Teil, Distrikt eines *koinón*
métoikos: Mitbewohner, ansässiger Fremder
mētrópolis: Mutterstadt
monarchía: Alleinherrschaft
nomothétēs: Gesetzgeber

ochlokratía: Herrschaft des Pöbels
oikistḗs: Gründer einer Kolonie
oíkos: Haus, Hausstand
oikouménē: die von Menschen bewohnbare und bewohnte Welt
oligarchía: Herrschaft weniger Personen
omphalós: Nabel, Mittelpunkt
óstrakon, ostrakismós: Scherbe zum Abstimmen, Scherbengericht
panhellenisch: gesamtgriechisch
Pentekontaëtie: die 50 Jahre zwischen dem Ende der Perserkriege und dem Beginn des Peloponnesischen Krieges
periḗgēsis: Herumführen und Erklären
phálanx: Schlachtformation der Schwerbewaffneten (Hopliten)
phílos: Freund
phóros: Abgabe
phratría: Bruderschaft; Unterabteilung der attischen Bürgerschaft
phylḗ: Stamm; in historischer Zeit oft Unterabteilung einer Polis
pólis: Stadt; Kernstadt einschließlich des zugehörigen Umlands
politeía: Bürgerrecht, Bürgerschaft, Staat
póthos: Verlangen, Sehnsucht
prohedría: Vorrang; bevorzugter Sitz im Theater
proskýnēsis: Verehrung, Fußfall
Prytanie: geschäftsführender Ausschuss der athenischen *boulḗ*
Satrap, Satrapie: (Statthalter einer) persische(n) Provinz
Silen: dickbäuchiges, stupsnasiges und glatzköpfiges Wesen mit tierischen Körperteilen
sōtḗr: Retter
stásis: Zwist, Bürgerkrieg; Standort, Standpunkt
stratēgós: Heerführer, Feldherr
sýmmachos, symmachía: Mitkämpfer, Kampfbund
sympósion: Trinkgelage
synhédrion: Versammlung
Theten: unterste Zensusklasse der athenischen Bürgerschaft; von *thḗs*, Lohnarbeiter
thólos: Rundgebäude, Kuppelgrab
timokratía: Herrschaft, die auf Vermögen aufbaut
triḗrēs, Triere: Kriegsschiff mit drei übereinander liegenden Ruderreihen
triērarchía, Trierarchie: Ausrüstung und Führung einer Triere
tyrannís: unumschränkte Herrschaft
wánax: siehe *ánax*
xóanon: Götterbild